Paula Salomon-Lindberg – mein »C'est la vie«-Leben

Paula Salomon-Lindberg
– mein »C'est la vie«-Leben

Gespräch
über ein langes Leben
in einer bewegten Zeit.
Aufgezeichet von
Christine Fischer-Defoy

Im Verlag Das Arsenal

Gedruckt mit Unterstützung der Hochschule der Künste Berlin
Redaktion Peter Moses-Krause

ISBN 3-921810-97-3

Inhalt

»Der Erinnerung an Charlotte und an Albert Salomon, den Mutigsten der Mutigen, ist dieses Büchlein gewidmet.«

Einleitung

Dieses Büchlein, wie Paula Salomon-Lindberg es nennt, ist ein Versuch, die buchstäblich unser ganzes Jahrhundert umfassende Lebensgeschichte einer deutschen Jüdin, einer bedeutenden Sängerin und Pädagogin, einer Emigrantin festzuhalten. Nicht in der abgeschlossenen Form einer Biographie, sondern als Interview, als unabgeschlossenes Gespräch zwischen zwei Frauen, die nicht nur über fünfzig Jahre Lebensalter voneinander trennt und die gleichwohl eine innige Freundschaft verbindet. Ein hoffnungsloses Unterfangen, wie es Paula zunächst schien. Denn was und wen sollte sie herausgreifen an Ereignissen und Menschen, deren Zeitgenossin und -zeugin sie war? Was war besonders wichtig, worüber wollte sie lieber schweigen? Dies gilt besonders für die Jahre 1933 bis 1945, über die zu berichten ihr immer noch schwerfällt; die Angst jener Zeit, in der die Nennung eines Namens den Tod bedeuten konnte, wirkt bis heute nach.

»Wir sind die Letzten. Fragt uns aus« – die Aufforderung des exilierten deutschen Dichters Hans Sahl ist ebenso Rechtfertigung für ein solches Gespräch wie allzuoft Unmöglichkeit: was darf man fragen, was nicht, wo kann man insistieren?
Ein Historiker hätte diese Biographie gewiß anders recherchiert und dargestellt. Aber der Sinn eines solchen document humain ist ja auch etwas anderes als Geschichtsdarstellung. Es ist weniger und mehr zugleich: in der Unmittelbarkeit der Begegnung mit einem einzelnen Menschen und seiner Lebensgeschichte, auf subjektive Weise so »wahr«, wie es solche Erinnerung an beinahe hundert Jahre sein kann.

Auch wenn es nicht ohnehin eine Intention von Paula Salomon-Lindberg wäre, die sich stets als politischer Mensch begriffen hat, sollte ein solcher Lebensbericht immer auch ein Stück Aufklärung sein, zumindest ein Appell: Seht hin! Laßt nicht zu, daß sich das Entsetzliche *in anderer Farbe* wiederholt.
Angesichts der jüngsten Vorfälle und Tendenzen in Deutschland – die in einem Land wie Holland, wo Paula Salomon-Lindberg seit 1939 lebt, empfindlich registriert werden – haben solche Sätze etwas Hilfloses; aber, von einer Überlebenden einer ganzen zerstörten Generation und Geschichte gesagt, auch viel Lebensmutiges und Ermutigendes.
Die Unmittelbarkeit, von der die Rede war, zeigt sich in der Aufzeichnung dieser Gespräche auch noch anders: stilistisch, im Beibehalten der authentischen, oft spröden Diktion. Selbstverständlich konnte nicht immer einfach der O-Ton abgedruckt werden, und zudem mußte aus den Tonbandaufnahmen ja eine Auswahl getroffen werden – hier wird nur ein Bruchteil der vielen langen Gespräche aus den Jahren zwischen 1986 und 1991 wiedergegeben; aber es wurde nichts »literarisiert«. Auch inhaltlich nicht. An zwei, drei Stellen wurden der besseren Verständlichkeit wegen allerdings nicht ausdrücklich genannte andere Quellen paraphrasiert. Aber, wie gesagt, da wurde nichts hinzugetan, sondern im Gespräch vorkommende Äußerungen wurden gewissermaßen abgesichert.

Paula Salomon-Lindberg wurde am 21. Dezember 1897 in Frankenthal in der damals zum Königreich Bayern gehörenden Pfalz geboren, als Paula Levi. Die Mutter war *eine wunderbar schöne Frau*, der Vater Rabbiner und Kantor der kleinen jüdischen Gemeinde und zugleich Lehrer für die alten Sprachen am dortigen Gymnasium.
Paula wuchs auf in einer liberalen Atmosphäre, ohne Schranken zu den christlichen Nachbarn, beengt höchstens durch das trau-

matische selbstauferlegte Unauffälligkeits-Gebot einer sich ihrer bürgerlichen Gleichheit noch keineswegs sicher fühlenden Generation deutscher Juden. Und, wichtiger aus ihrer eigenen Sicht, sie wuchs auf in einem musischen Elternhaus.
Der Vater, musikalisch selbst begabt und gebildet, förderte sie entsprechend, ließ sie nicht nur das obligate Klavierspielen lernen, sondern auch Gesangsunterricht bei ihrem späteren Mannheimer Professor August Perron nehmen. Daraus einen Beruf zu machen, erlaubte er jedoch nicht.
Also studierte sie, unmittelbar nach dem Ersten Weltkrieg, zunächst Mathematik in Heidelberg, um Lehrerin zu werden; erst als der Vater an den Folgen eines Kriegsleidens starb, wechselte sie zur Gesang- und Schauspielausbildung an die Musikhochschule in Mannheim.
Hier studierte sie auch bei dem Komponisten Ernst Toch, mit dem sie seither eine beständige Freundschaft verband. Und in Mannheim begegnete sie, Mitte der Zwanziger Jahre, zum ersten Mal Wilhelm Furtwängler, dem sie merkwürdig unbeirrt ihr Leben lang die Treue hält; er riet ihr, die Gesangausbildung bei Julius von Raatz-Brockmann an der Musikhochschule in Berlin fortzusetzen.

Das Berlin, in das Paula Levi 1926 kommt und in dem sie bis 1939 bleiben wird, hat noch deutliche Nachkriegsspuren und etwas von dem »leisen« Glanz bürgerlicher Kultur, von dem der Theaterkritiker Arthur Eloesser schwärmte. Den Zugang dazu bekommt sie durch die Familie des Architekten Erich Mendelsohn und seiner schönen und musikalischen Frau Luise, Verwandte und Freunde, bei denen (in einem von August Endell erbauten Haus) in der Kastanienallee im Westend Paula zunächst wohnt. Hier und nach 1930 im Haus am Rupenhorn (das später eine Beute Görings wird) trifft sich das »Berlin musical« zu Hauskonzerten, vom »großen Dilettanten« Albert Einstein bis Paul Hindemith.

Zentrum ihrer ersten Berliner Jahre ist die »Staatliche Akademische Hochschule für Musik«, seit 1902 in einem neoklassizistischen Neubau im Neuen Westen Berlins, an der Ecke Hardenberg- und Fasanenstraße in Charlottenburg. Eine Gründung des 19. Jahrhunderts, war sie seit 1920 unter der Leitung von Franz Schreker und Georg Schünemann zu einer der bedeutendsten musikalischen Ausbildungsstätten in Deutschland geworden, offen auch für die zeitgenössische Musik und für avancierte Unternehmen wie Paul Hindemiths Kompositionskurse für Filmmusik und die »Rundfunkversuchsstelle« – und dabei berstend vor inneren Widersprüchen: die nazistische Selbst-Gleichschaltung der Musikhochschule beginnt lange vor der Machtergreifung der Nazis, seit Anfang der Dreißiger Jahre mit der Verdrängung jüdischer und »linker« Lehrkräfte; schon Ende 1932 erreicht der »Kampfbund für deutsche Kultur« unter Fritz Stein, dem Leiter der Hochschule nach 1933, zum Beispiel die Entlassung von Kurt Singer und das Ausscheiden von Franz Schreker.

Paula Levi trat in die Gesangsklasse des seit 1923 in Berlin lehrenden blinden Kammersängers Julius von Raatz-Brockmann ein.

Hier entsteht nun eine Fülle von oft engen und lange währenden Beziehungen; die engste und wichtigste, menschlich wie politisch, insbesondere in Hinblick auf die Jahre nach 1933, ist sicher die zu Kurt Singer, Arzt, Gründer (1913) und Dirigent des »Berliner Ärztechors« und ab 1927 stellvertretender Intendant der Städtischen Oper, der seit 1923 an der Musikhochschule Vorlesungen über »Berufskrankheiten von Musikern« hielt.

Hochschule für Musik Berlin 1927

Ihr wesentliches Erlebnis in dieser Zeit aber – »*das* Erlebnis meines Lebens«, sagt sie noch heute – war die Begegnung mit Siegfried Ochs, dem Gründer und Leiter des Philharmonischen Chors, Leiter der Opernchorschule und seit 1920 Lehrer für Oratoriengesang an der Musikhochschule. Kein Mann einer unreflektierten Tradition, die, nach seinem eigenen Aperçu, meist Schlendrian ist, war er *der* Bach- und Händel-Interpret seiner Zeit, der Schütz-Wiederentdecker, der jedoch ebenso Arthur Honegger und Gustav Mahler aufführte.

Ochs wurde in den drei Jahren vor seinem Tod (1929) ihr wichtigster Lehrer, Mentor und väterlicher Freund. Er ermöglichte ihr auch den eigentlichen Karriereauftakt: am Buß- und Bettag dieses »Bach-Jahres«, am 17. November 1926, trat sie zum ersten Mal unter der Leitung von Ochs in der Philharmonie als Alt-Solistin in der Matthäus-Passion auf.

Und: sie trat zum ersten Mal als »Paula Lindberg« an die Öffentlichkeit; denn Siegfried Ochs, selbst Jude, hatte ihr zu dieser Namensänderung geraten, um sie besser vor möglichen antisemitischen Angriffen zu schützen – Symptom einer drohenden Gefahr lange vor 1933, die jedoch Mitte der Zwanziger Jahre noch so einfach abwendbar schien.

Durch Ochs lernte sie auch dessen Freund, den Organisten, Bachliebhaber, Theologen und Arzt Albert Schweitzer kennen – gleichfalls eine Beziehung, die über Jahrzehnte hinweg Bestand hatte. »Was für eine schöne Freundschaft«, schrieb Schweitzer noch dreißig Jahre später in der Erinnerung an sie und Ochs.

1930 heiratete sie Albert Salomon, einen verwitweten Chirurgen und Professor an der Berliner Universitätsklinik. Für die lange Ehe mit dem fünfzehn Jahre älteren, klugen und tapferen Mann galt wohl, was ihre Mutter, unter ganz anderen Umständen, über die eigene Ehe gesagt hatte: Wir waren sehr verschieden, deshalb kamen wir so gut miteinander aus. Der Arzt und Humanist, noch im Alter Gesprächs- und Briefpartner Albert Schweitzers, starb 1976 in Amsterdam.

Die Wohnung der Salomons in Charlottenburg, in der Wielandstraße 15, wurde ein Mittelpunkt des Berliner Kulturlebens. Paula Salomon-Lindberg begann eine glänzende, aber kurze Karriere: zwischen 1930 und 1933 singt sie die großen Alt-Partien, nicht nur in Berlin, unter Dirigenten wie Wilhelm Furtwängler, Bruno Walter, Erich Kleiber und Arturo Toscanini. Aber zugleich versucht sie, ihre politischen Sympathien mit ihrer Kunst zu vereinbaren; sie engagiert sich in dem sozialdemokratischen »Großen Berliner Arbeiterchor/Volkschor« von Ernst Zander, jener ambitionierten Unternehmung der Arbeiterkulturbewegung, die mit Laiensängern zum Beispiel auch Arnold Schönbergs Chorwerke aufführte. Mit dem Chor hatte sie schon 1928 am Treffen des »Internationalen Arbeiter- und Sängerbundes« in Wien anläßlich des 100. Todestages von Franz Schubert teilgenommen, sie arbeitete mit Arthur Wolff zusammen, dem Komponisten des »proletarischen Oratoriums« *Kreuzzug der Maschine,* das im November 1929 in der Neuen Welt in der Berliner Hasenheide vor einem Massenpublikum aufgeführt wurde; hier lernte sie Käthe Kollwitz kennen, die dafür die Bühnenbilder schuf.

Nicht zu trennen von Paulas Leben seit 1930 ist das Schicksal von Charlotte Salomon; zwischen Paula und der damals dreizehnjährigen Tochter Albert Salomons aus erster Ehe entstand von Anfang an eine schwierige, aber innige Liebe. Schwierig sicher auch, weil die Probleme eines so sensiblen Mädchens in dieser Situation noch verschärft wurden durch die drückende äußere Atmosphäre: daß bürgerliche jüdische Familien in Berlin schon Anfang der Dreißiger Jahre ihre Kinder nicht mehr allein auf die Straße schickten, weil sie antisemitische Rempeleien befürchteten, wie Paula en passant erwähnt, wird zum Beispiel zu dem diffusen Unzufriedenheitsgefühl Charlottes beigetragen haben, von dem Paula berichtet.

Charlotte und Albert Salomon, 1930 in Berlin

Charlotte Salomon mit den Großeltern in Villefranche, 1939

Von Charlottes weiterem Leben* soll hier zwischendurch kurz berichtet werden: Als nach 1933 die alltäglichen Demütigungen Juden den Schulbesuch unerträglich zu machen beginnen, verläßt sie das Gymnasium, ein Jahr vor dem Abitur, und besucht in den nächsten zwei Jahren eine private Malschule, bis es ihr 1935 gelingt, einen Studienplatz an den »Vereinigten Staatsschulen für freie und angewandte Kunst Berlin«, einer Vorgängerinstitution der heutigen Hochschule der Künste, zu bekommen, zunächst bei dem Gebrauchsgraphiker Ernst Böhm (der 1937 wegen seiner Ehe mit einer Jüdin entlassen wird), dann in der Klasse von Ludwig Bartning. Ende 1937, nach einem Eklat wegen der Prämiierung eines Bildes der jüdischen Studentin bei einem Schulwettbewerb, bricht sie das Studium ab.

Im Januar 1939, nach der »Reichskristallnacht«, wird Charlotte »Sara« Salomon, wie sie sich seit dem 1. Januar nennen muß, von den Eltern zu den schon früher emigrierten Großeltern Grunwald nach Villefranche in Südfrankreich geschickt; sie sieht die Eltern nicht wieder. Bei Kriegsbeginn, im September desselben Jahres, nimmt sich die verzweifelte Großmutter das Leben, vor Charlottes Augen. Sie selbst wird im Juni 1940 zusammen mit dem achtzigjährigen Großvater, einem Arzt, als »feindliche Ausländerin« vorübergehend im Pyrenäen-Lager Gurs interniert. Nach der Entlassung und der Rückkehr nach Villefranche in der »freien« (unbesetzten) Zone beginnt sie mit der Arbeit an dem autobiographischen Bildzyklus »Leben – oder Theater?«; sie will, schreibt sie den Eltern, die inzwischen nach Amsterdam geflüchtet und dort ebenfalls vom Krieg eingeholt worden sind, ihr *ganzes Leben aufschreiben, malen*, um sich von einer Last zu befreien. Innerhalb von zwei Jahren entsteht ein auch durch seine formalen Mittel einzigartiges Kunstwerk.

* Ausführlich in *Charlotte Salomon – Leben oder Theater? Das Lebensbild einer jüdischen Malerin 1917 – 1943,* hg. v. Christine Fischer-Defoy, Berlin 1986.

Im Februar 1943 stirbt der Großvater; im Mai heiratet Charlotte den österreichischen jüdischen Emigranten Alexander Nagler. Am 8. September besetzen deutsche Truppen das bis dahin formell noch selbständige Gebiet Vichy-Frankreichs, am 21. September werden Charlotte und ihr Mann im »Haus Ermitage« – dem Besitz der Amerikanerin Ottilie Moore, wo sie österreichische Waisenkinder betreuen – in Villefranche von der Gestapo verhaftet und nach Lyon gebracht. Am 7. Oktober werden sie nach Auschwitz deportiert; dort kommt der Transport am 12. Oktober an, vermutlich ist dies auch der Tag ihrer Ermordung. Da ist Charlotte 26 Jahre alt und im dritten Monat schwanger.

Die über 1300 Blätter ihres Werks und viele andere in den vier Exiljahren geschaffene Bilder hatte sie unmittelbar vor der Verhaftung einem Arzt am Ort als »Eigentum von Mrs. Moore« übergeben und vermeintlich so geschützt.

Tatsächlich fanden die Eltern, deren erste Reise nach dem Krieg dorthin führte, auf der Suche nach Lebensspuren ihrer Tochter, die Pakete mit den Bildern vollständig vor. Aber in Mrs. Moore trafen sie nicht die vermutete antifaschistische Gesinnungsgenossin und Hüterin von Charlottes Vermächtnis an, sondern eine physisch und psychisch kranke Frau, die im Ort in Verdacht stand, mit den Nazis sympathisiert, gar kollaboriert zu haben, und die nun erst nach heftigen Auseinandersetzungen bereit war, wenigstens den größten Teil des ihr Anvertrauten herauszugeben, Teile des Werks zurückhielt und andere sogar vernichtete.

Was sie retten konnten, brachten Paula und Albert Salomon nach Amsterdam und konnten es 1961 im Stedelijk Museum erstmals ausstellen. Die Bilder befinden sich heute im Jüdisch-Historischen Museum in Amsterdam.

»Leben – oder Theater?« hatte später für das Gespräch mit Paula auch die Bedeutung einer »Quelle«: viele Fragen zu Paula selbst, die darin als »Paulinka Bimbam« erscheint, nach Albert

Salomon (»Doktor Kann«), Kurt Singer (»Doktor Singsang«), Siegfried Ochs (»Professor Klingklang«) oder Alfred Wolfsohn (»Daberlohn«), dem Freund und Lehrer Charlottes, der im Londoner Exil überlebte, wurden so überhaupt erst gestellt.
Auch die Begegnung mit Paula, die sich in diesem Buch niederschlägt, ging aus von Charlottes Bildern. Zur Vorbereitung der ersten großen Charlotte Salomon-Ausstellung in Berlin, die von der Hochschule der Künste und der Akademie der Künste 1986 veranstaltet wurde, war ich im Frühjahr 1984 in Amsterdam und sprach bei dieser Gelegenheit auch mit Paula Salomon-Lindberg; so kam ich in ihre Wohnung in der Paulus-Potter-Straat 5, die seither ein zweites Zuhause für mich geworden ist. An diesem Abend verpaßte ich den Rückflug nach Berlin und mußte, beladen mit Leihgaben, Briefen, Fotos, bei Paula um Nachtasyl bitten. Glück im Unglück. Denn dann saßen wir beide, verköstigt mit nächtlichen Spiegeleiern und Champagner, noch stundenlang in ihrer Küche – der Beginn einer Freundschaft, die mein Leben unendlich bereichert hat.

Als die Nazis 1933 an die Macht kamen, war die Karriere von Paula Salomon-Lindberg auf deutschen Konzertbühnen von einem Tag zum andern zu Ende.
Genau: am 19. März 1933. Karl Straube, der Organist der Thomaskirche in Leipzig und seit 1918 (bis 1939) Thomaskantor, hatte 1931 mit der Aufführung sämtlicher Bach-Kantaten begonnen, in der liturgischen Reihenfolge und an ihrem klassischen Ort; ein Vorhaben, das weit über Leipzig hinaus Resonanz fand und vom Rundfunk im ganzen Reich übertragen wurde. Paula, deren *Herzenssache* Bach ja war und die Straube durch seine Freunde Albert Schweitzer und Siegfried Ochs kannte, wirkte daran als Altistin von Anfang an mit.
Jetzt, im Zuge der brutalen antisemitischen »Säuberung« des Kulturlebens nach den Märzwahlen und im Zusammenhang

mit der Vertreibung Bruno Walters aus dem Leipziger Gewandhaus am Tag zuvor, wurde am 17. März (per Verordnung zum Schutz von Sicherheit und Ordnung im Reich) ein generelles öffentliches Auftrittsverbot für jüdische Künstler erlassen – das jedoch erst am folgenden Montag, am Vorabend des »Tags von Potsdam«, rechtswirksam wurde. Karl Straube konnte daher formal korrekt auf dem Auftritt der jüdischen Künstlerin Paula Salomon-Lindberg noch am Sonntag, dem 19., bestehen. Und er tat es.

Thomas Mann hat in einer seiner letzten Londoner Rundfunkreden am Ende des Kriegs die Nazi-Kulturpolitik einen »Midas« genannt, dem alles, was er berührte, ungenießbar wurde. So könnte es manchem der Zuhörer und der Mitwirkenden, die bereits das Parteiabzeichen am Revers trugen oder wie die Thomaner Hakenkreuzbinden am Ärmel, an diesem Tag in der Thomaskirche gegangen sein: die Kantate, die Bach für den Sonntag Estomihi geschrieben hat, heißt »Sehet, wir gehn hinauf gen Jerusalem« – die christliche Passionsklage wurde zumindest für einige zur »schwer verdaulichen Provokation«, wie ein Zeuge dieses Ereignisses später sagte.

Paula selbst, die auch nach sechzig Jahren immer wieder davon spricht, empfindet allerdings stärker eine andere Seite: die des Menetekels für die deutschen Juden, die – sie selbst eingeschlossen – die drohende Lebensgefahr nicht wirklich ernstnahmen.

Zehn Tage später, am 29. März 1933, drei Tage vor dem »Judenboykott-Tag« vom 1. April, wurde Albert Salomon am Berliner Universitätsklinikum entlassen. Mit dem »Gesetz zur Wiederherstellung des Berufsbeamtentums« vom 7. April 1933 verlor er auch seinen Status als Universitätsprofessor. Er konnte seine ärztliche Tätigkeit jedoch am Jüdischen Krankenhaus in der Iranischen Straße fortsetzen.

Zu der sozialen kam menschliche Isolierung: Freunde und gute Bekannte gingen ins Exil; um nur einige der bekanntesten aus

Paula Lindberg, 1928

Albert Schweitzer an der Orgel der Grote Kerk in Deventer, 1928

dem engeren Kreis zu nennen, die schon 1933 emigrierten: Ernst Toch, der seit 1929 in Berlin war (nach Paris, 1934 weiter in die USA an die New York School for Social Research, später an die Universität Los Angeles), Otto Klemperer (über Budapest und London nach Los Angeles), Erich Mendelsohn (nach England, Palästina, USA), Albert Einstein (nach Princeton, USA), Ernst Hermann Meyer, der Schüler Paul Hindemiths und Musikkritiker der »Roten Fahne« (nach England; 1948 kehrte er nach Ost-Berlin zurück und war 1965 bis 1969 Präsident der Akademie der Künste der DDR); der Pianist Artur Schnabel (nach Italien, später in die USA); Bruno Walter (nach Wien, 1938 über Paris in die USA), Paul Dessau (nach Paris, 1939 weiter in die USA; er kehrte 1948 nach Ost-Berlin zurück). Andere folgten: Paul Hindemith zum Beispiel, der nach den Auseinandersetzungen um seine Oper »Mathis der Maler« nach Ankara ging, Erich Kleiber, der 1935 über Havanna nach New York und dann nach Buenos Aires emigrierte.

Die Salomons blieben. Warum? Sie sorgten dafür, daß Alberts Schwiegereltern Grunwald, die Großeltern Charlottes, nach Villefranche emigrierten; sie selbst waren noch keineswegs alt, sie hatten Affidavits für die USA, Paula hatte eine Einladung für die Metropolitan Opera, Albert nach Princeton; aber sie nahmen sie nicht wahr.

Man hat später oft gerätselt, auch die Betroffenen selbst, warum so viele nicht rechtzeitig das Land verließen, die dazu die Möglichkeit hatten. War es mangelnde Vorstellungskraft? Oder Mangel an »Würde«, wie Kurt Tucholsky dem jüdischen Bürgertum unterstellte? War es im Gegenteil so, daß sie wie der Dichter Franz Hessel ihre Würde darin sahen, die »Schicksalsgemeinschaft« mit der Masse derer zu teilen, die nicht weg konnten? Oder war es einfach so, wie Arnold Zweig

Das »Berliner Theater« in der Charlottenstraße

in seiner Antwort an den toten Tucholsky schrieb: »Alle klammerten sich an ihre Heimat. Ihre Heimat hieß Deutschland«? Paula Salomon-Lindberg hat zwei Antworten: *Wir hofften, daß der Spuk bald vorbei ist* und *Wir wurden gebraucht.*

Gebraucht wurde sie in dem von Kurt Singer im Juli 1933 ins Leben gerufenen »Kulturbund deutscher Juden« (ab April 1935 »Jüdischer Kulturbund Berlin« und »Reichsvereinigung jüdischer Kulturbünde«). Zweck dieser Selbsthilfe-Organisation war zunächst, möglichst vielen der jüdischen Künstler, die 1933 aus Orchestern, Theatern und Opernhäusern entlassen wurden, eine neue Existenzmöglichkeit zu geben – gewiß nicht nur materiell, auch psychisch und geistig, als Befriedigung des Bedürfnisses, Beruf und Fähigkeiten weiter ausüben zu können, Heilung des tief verletzten Selbstwertgefühls.

Zugleich boten die Veranstaltungen des Kulturbunds dem *ausschließlich jüdischen Publikum* Unterhaltung, Trost und Ablenkung, Kommunikation, Zusammenhalt. Allerdings, als dies am wichtigsten gewesen wäre, als die Isolierung immer bedrückender wurde, nach dem 23. September 1938 Juden keine Rundfunkgeräte mehr besitzen durften und nach dem 12. November 1938 ihnen der Zutritt zu allen »Darbietungen der deutschen Kultur« – Theater- und Musikaufführungen, Kino, Ausstellungen, Tanz- und Zirkusveranstaltungen – verboten wurde, vierzehn Tage später in Berlin auch zu allen Museen, Rummelplätzen, sogar zu bestimmten Straßen wie Unter

Chor (o.) und Orchester
Fotos aus dem Almanach
1934/35 des Kulturbunds

den Linden und Wilhelmstraße (»Judenbann«), da hatte – Dialektik des Unheils – der Kulturbund nicht mehr die Kraft, diese Funktion zu erfüllen; nach der »Reichskristallnacht« bestand er ohnehin nur noch zwangsweise weiter, als Alibi für das beunruhigte Ausland. (Am 11. September 1941 wurde er schließlich aufgelöst.)

Es ist heute schwer zu sagen, auch für die Überlebenden, wo denn die Grenzen zwischen Alibi, Instrumentalisierung und Kontrolle durch die Nazis, »Ghetto-Kultur« und kultureller Selbstverständigung verliefen; oder: wieweit sich Beschwichtigung, Selbstbetäubung und Überlebenshilfe wechselseitig bedingten, das eine der Preis für das andere war.

Der Kulturbund begann programmatisch mit einer »Nathan«-Inszenierung. In der Zeit bis 1938 bot er in seinen Aufführungsstätten – das waren vor allem das Berliner Theater in der Charlottenstraße, seit 1935 ein eigenes Kulturbund-Theater in der Kommandantenstraße, die Philharmonie in der Bernburger Straße, sowie die großen Berliner Synagogen – ein vielfältiges Programm, vom klassischen Theater bis zur zeitgenössischen Musik.

Paula Salomon-Lindberg sang auch in diesem Programm die Solopartien ihres Fachs, so in Kurt Singers Inszenierungen der Händel-Oratorien »Judas Maccabäus« (1933 in der Synagoge Prinzregentenstraße, 1934 in der Philharmonie), »Israel in Ägypten« (1937), »Saul« (im April 1938 in der Neuen Synagoge in der Oranienburger Straße), sie gab Liederabende mit Werken von Robert Schumann und Bernhard Sekles und sie fuhr zu Gastspielen in die Provinz.

Das Kulturbundtheater
in der Kommandantenstraße

Jede Inszenierung, jede Besetzungsliste, jede Tournee mußte allerdings vom zuständigen Staatskommissar Hans Hinkel genehmigt werden. Und es durften nur »jüdische« Werke, jedenfalls keine »deutschen« aufgeführt werden; abgesehen von der oft grotesken Löchrigkeit dieser Rassedefinition zwang das jedoch zur intensiven Diskussion der Frage, was denn jüdische Kunst oder überhaupt jüdische Kultur sei. Die Frage allein, auch wenn sie sich nicht beantworten ließ, hatte für viele der meist aus dem assimilierten Judentum stammenden Kulturbund-Angehörigen etwas provozierend Produktives und auch Hoffnungsvolles; der Kulturbund wurde zur Identität stiftenden »jüdischen Sammlung«, für einige sogar zu einer selbstbewußten Form von Widerstand.

Diese Bedeutung mag Paula Salomon-Lindberg dem Kulturbund allerdings nicht zubilligen. *Widerstand war für einen politisch denkenden Menschen doch etwas anderes,* sagt sie noch heute. Sie, die sich ja, wie gesagt, immer als politischer Mensch begriffen hat, engagierte sich darüberhinaus: in der Künstlerhilfe und in der jüdischen Winterhilfe, die mit Suppenküchen, Lebensmittelspenden und Kleiderkammer halfen; bei der Hilfe für unmittelbar Gefährdete – ein (Schein-)Arbeitsplatz im Kulturbund schützte vorübergehend vor Verhaftung, konnte für den einen oder anderen (auch nicht-jüdischen) Verfolgten als Tarnung dienen, bis für ihn eine Ausreisemöglichkeit gefunden wurde, für die man jedoch Geld, Papiere, Kontakte beschaffen mußte. Solche Tätigkeit konnte nicht auf Dauer unbemerkt bleiben – zweimal wurde Paula von der Gestapo tagelang festgehalten und verhört, beide Male kam sie durch einflußreiche Freunde wieder frei.

Die erste Verhaftung, 1934, war eher ein Zufall, aufgrund einer Denunziation mit ganz anderem Hintergrund: ein Student fand die Mitwirkung der Jüdin und »kommunistischen Agitatorin« an einem nichtöffentlichen Konzert ihres früheren Lehrers Raatz-Brockmann in der Musikhochschule so empörend, daß er

ROF. J. v. RAATZ-BROCKMANN
KAMMERSÄNGER

BERLIN-CHARLOTTENBURG 5,
WINDSCHEIDSTRASSE 39
FERNSPR.: C 1 STEINPLATZ 8893

22. J u n i 1934.

Sehr verehrter Herr Direktor !

In Beantwortung Ihrer Anfrage über die betreffende Presse-Aeusserung teile ich Ihnen mit, dass ich bereits gestern dem Kritiker des "Angriff" eine Berichtigung habe zugehen lassen, die ich in der Kopie (Beilage 1) beilege.

Angesichts des gänzlich unbefriedigenden Wirrwarrs in der Stimmbildungslehre betrachte ich es als meine Lebensaufgabe, hierin nach Klarheit zu streben. Ich halte in der Verfolgung dieser meiner Lebensaufgabe jetzt den Zeitpunkt für gekommen, wo ich meine praktischen Resultate vor allem einer Anzahl prominenter und zum Urteil berechtigter Persönlichkeiten vorlege, und zwar soll das in 3 aufeinanderfolgenden Vorführungen geschehen, wo ich insgesamt 50 Schüler in verschiedenen Entwicklungsstadien sich hören lassen will. Statt der üblichen zügellosen Prahlerei und unwürdigen Verleumdung will ich die Resultate meiner stillen und bescheidenen Arbeit der letzten Jahre vorführen, nachdem ich meine eigene künstlerische Tätigkeit zurückgestellt habe. Ich habe eine Reihe prominenter Persönlichkeiten in der Verwaltung und in der Kunst selber zu dieser Beurteilung eingeladen und ihnen zur näheren Erklärung eine informatorische Mitteilung zu-gehen lassen, die ich ebenfalls den vorliegenden Zeilen (Anlage 2) beilege. Selbstverständlich habe ich mich dabei an erster Stelle an Sie und Herrn Dr.Rühlmann gewandt, welch letzterer mir mitteilte, dass ein Kommen Ihrerseits am vorigen Montag nicht möglich sei, mir aber sein eigenes Kommen als evtl. in Aussicht stellte. Unter den 19 Namen, die ich für den ersten Abend im Bechstein-Saal aufs Programm setzte, habe ich unter bewusster Vermeidung ursprünglicher Hochschüler ausschliesslich private Schüler herangezogen, die schon von Haus aus meine privaten Schüler waren und unter denen nur einige ganz wenige vorübergehend bei mir im Rahmen der Opernschule an der Hochschule Unterricht nahmen und nach erfolgtem Engagement wiederum privatim bei mir weiterstudiert haben. Der ausgezeichnete Baritonist, Hans Körner war z.B. überhaupt nie Hochschüler. Die zweite Aufführung, auf die ich die eingeladenen Prominenten hingewiesen habe ist mein morgen (Sonnabend, den 23.ds.Mts.) bevorstehender Hochschulabend mit 17 Schülern (von denen übrigens auch wieder die Mehrzahl aus meinem privaten Schülerkreis herstammt).

Meine Veranstaltung am letzten Montag hatte, wie Sie aus beiliegendem Programm (Anlage 3) ersehen, den bescheidenen Charakter eines "Nicht öffentlichen Vortragsabends". Sogar 3 prominente Kritiker, die ich eingeladen hatte, bat ich ausdrücklich, nicht zu schreiben sondern nur sich ein Urteil über meine Arbeit zu bilden, und zwar unter dem Gesichtspunkte der ungeheueren Wichtigkeit des Problems der Stimmbildung als Kulturfaktors. Es scheint dass ganz im Gegensatz zu meinen Absichten eine Schülerin eine Kritik im "Angriff" veranlasst hat. Nebenbei erwähne ich, dass ich

mir

~~mir über die Frage~~, ob ich trotz des Verbots des Herrn Kultusmi-
ministers neben meinem Hochschul-Unterricht zum privaten Unter-
richtes berechtigt bin, an kompetenter Stelle im Ministerium nähe
Auskunft geholt habe; es wurde mir dort als selbstverständlich b
zeichnet, dass ich, wo ich im nächsten Jahre wegen der Altersgre
ze ohne Pension abgebaut werde, zur Weiterführung meines private
Unterrichtes berechtigt sei. Trotzdem wählte ich, um kein unan-
~~genehmes Aufsehen~~ zu erregen den denkbar bescheidensten Rahmen
meiner Vorführung, einen "Nicht-öffentlichen Vortragsabend". Ic
beabsichtige, noch einen dritten Abend, und zwar wiederum einen
"nichtöffentlichen Abend" meiner Privatschüler im Bechsteinsaal
folgen zu lassen, wo ich weiterhin eine Serie meiner Privatschül
vorführen werde. Erst bei Vorführung einer ganz grossen Anzahl
von Gesangschülern ist der eingeweihte Zuhörer in der Lage, sich
ein kompetentes Urteil über die Zweckmässigkeit des Unterrichts
zu bilden. Da ich mir von Anfang an starker Anfeindungen bei me
nem Vorhaben bewusst war freut es mich, schon jetzt festzustelle
wieviel Beifall dasselbe gefunden hat. Ein angesehener Kritike
den ich nebenbei persönlich nicht kenne, schrieb mir gestern in
einem äusserst freundlichen Briefe u.a. folgendes: "Ich beglück-
wünsche Sie aufrichtig zu diesen Ergebnissen, die Bühne und Kon-
zertsaal in den nächsten Jahren der Sorge um leistungsfähigen,
durchgebildeten Nachwuchs entheben".

Was Paula Lindberg betrifft so ist mir von ihre
Tätigkeit als "kommunistische Agitatorin" nicht das Geringste b
kannt; andernfalls hätte ich sie selbst für diesen nichtöffentli
Abend nicht aufs Programm gesetzt. Wenn ich Frau Lindberg bei e
nem öffentlichen Konzert (wie ich es im nächsten Jahre im grosse
Stile aus Anlass meines 40jährigen Künstler-Jubiläums beabsichti
ge) aufs Programm setzen möchte werde ich mich an den betreffen
Stellen im Ministerium, die schon jetzt sehr freundliches Intere
se für meine Bestrebungen bekundeten, nach deren für mich massge
lichen Standpunkte erkundigen. Frau Lindberg ist ein glänzende
Beweis dafür, wie man aus einer gänzlich kleinen und trockenen
Stimme, die zunächst nicht die geringste Aussicht für die Oeffe
lichkeit bietet, eine volle, grosse und sonore, edle Stimme entwi
keln kann, eine Entwicklung, die genau in der gleichen Weise z.
bei Georg Frigge, Hans Friedrich Meyer, Liselotte Hollstein,
Eva von Bülow, Thea Consbruch und Carlotta Tag stattfand (bei le
teren beiden völliges Fehlen jeder Höhe).-

Mit H i t l e r H e i l

Ihr ganz ergebener

Raatz-Brockmann.

3 Anlagen !

Der Hochschüler Otto Heidrich, Gesangsklasse Prof. v. Raatz-Brockmann, macht folgende Aussage:

Nach dem Erscheinen der Besprechung über den nicht öffentlichen Vortragsabend der Privat-Gesangsschüler von Prof.v. Raatz-Brockmann im "Angriff" habe ich Herrn Prof. v. Raatz-Brockmann darauf aufmerksam gemacht, daß er sich Ungelegenheiten bereiten würde, wenn er Frau Paula Lindberg (Levi) weiterhin in Veranstaltungen heraus= stelle oder sich mit ihr öffentlich in Verbindung bringe. Am Freitag, den 22. Juni mittags 11 Uhr 30 fand im Theatersaal der Hochschule für Musik die Generalprobe zu dem am 23. Juni stattfindenden Vortragsabend der Hochschulklasse von Prof. v. Raatz-Brockmann statt, an der auch ich beteiligt war. Als ich in den Saal kam, sah ich zu meinem Erstaunen im Zuhörerraum eine Dame sitzen, in der ich Frau Lindberg erkannte. Außer ihr befanden sich Zuhörer nicht im Saal, im Gegenteil hatte Herr Prof. v. Raatz-Brockmann alle anderen Zuhörer mit Ausnahme seiner eigenen Schüler aus dem Saal verwiesen. Ich fragte daraufhin Herrn Prof. v.R. Br. , ob die Dame in der Tat Frau Lindberg sei, er bestätigte dies und sagte zu mir: "Lassen Sie mich in Ruh." Nach kurzer Zeit rief er mich dann zu sich heran und fragte erregt: "Was ist denn eigentlich los, was wollen Sie von mir?" Hierauf sagte ich ihm, daß ich ihn bereits ein= mal darauf aufmerksam gemacht hätte, daß Frau Lindberg eine kommunisti= sche Agitatorin sei und der "Angriff" habe dies öffentlich bestätigt (Dr. Röder). Nach meiner Auffassung als Nationalsozialist sei es nicht angängig, daß eine Volljüdin und bekannte Kommunistin eine staatliche Anstalt betritt. Ich fügte hinzu, daß ich es für meine Pflicht hielte, ihn zu bitten, die Dame aus dem Saal zu weisen. Hierauf wandte sich Prof. v. Raatz-Brockmann zu Frau Lindberg um und sagte: "Leider muss ich Sie bitten, den Saal zu verlassen." Frau Lindberg ging daraufhin aus dem Saal. Zu mir sagte Herr Prof. v. Raatz-Brockmann: "Wir wollen den Vorfall vergessen und hiermit erledigt sein lassen." Herr Prof. Vollerthun, der am Flügel mitwirkte, erklärte mir hinterher: wenn er gewusst hätte, daß Frau Lindberg im Saal anwesend sei, hätte er auch von sich aus Herrn Prof. v.Raatz-Brockmann auf die Unzulässigkeit hin= gewiesen.

Am Montag rief ich telefonisch Herrn Prof. v. Raatz-Brockmann an, um mich wegen Versäumen des Unterrichts bei ihm zu entschuldigen. Hierbei sagte er mir, ich möchte wegen des Vorfalls am Freitag nicht zu Herrn Dr. Rühlmann gehen, da ich dort ohnehin nicht beliebt sei. Er (Prof. v. Raatz-Brockmann) sei schon 5 Jahre für die nationalsozialistische Bewegung und ich hätte mich mit meinem Vorgehen blamiert. Dann fragte er mich, welche Funktionen ich bei d Partei hätte und wer mein Vorgesetzter sei. Er liess sich dann die Telefon-Nummer von Pg. von Schlippe geben, der mein Ortsgruppenlei-ter ist. Seine Sekretärin hätte mit dem "Angriff" telefoniert und e wäre ihr gesagt, daß Frau Lindberg vor 10 Jahren Kommunistin gewe wäre.

Nach dem Verlauf dieses Telefongesprächs hielt ich es für meine Pflicht, meinem Ortsgruppenleiter, Pg. von Schlippe, von dem Vorfall Meldung zu erstatten. Pg. von Schlippe h mir bestätigt, daß ich meine Pflicht als Nationalsozialist durchau erfüllt hätte. Es ist damit zu rechnen, daß er den Vorfall an die Gauleitung weiter berichtet.

27.6.34

Otto Heidrich

Obenstehende Aussage hat Herr Heidrich auf meine Veranlassung gemacht, nachdem mir der geschilderte Vorfall von anderer Seite zu Ohren gekommen war. Von sich aus hat H. keine Meldung erstattet. Nachdem ich gestern Herrn H. darauf aufmerksam gemacht hatte, daß eine Weiterverfolgung der Angelegenheit durch die Partei für Herrn Prof. v. R.-Br. die schwersten Folgen haben könne, hat H. mir heute erklärt, daß der Ortsgruppenleiter auf seinen Wunsch weitere Schritte zu unterlassen versprochen habe.

27.6.34

[illegible]

das Goebbels-Organ »Der Angriff« informierte. Die Hochschule für Musik erließ daraufhin am 22. Juli 1934 Hausverbot gegen sie, und die Gestapo wurde aufmerksam. Paula kannte diesen Zusammenhang gar nicht oder hatte ihn vergessen, aber im Archiv der heutigen Hochschule der Künste fanden sich die Akten des Vorfalls. Weil sie den Geist der Zeit so exemplarisch deutlich werden lassen, sollen einige Blätter daraus hier, auf den nebenstehenden Seiten wiedergegeben werden, ohne Kommentar.

Neben all den Aktivitäten, von denen die Rede war, unterrichtete Paula Salomon-Lindberg seit 1936 an der »Jüdischen privaten Musikschule Hollaender«. Unter diesem Namen führten entlassene jüdische Lehrkräfte unter Leitung von Kurt Hollaender und seiner Schwester Susanne Landsberg das Stern'sche Konservatorium weiter, die älteste, 1850 gegründete Institution dieser Art in Berlin. Die vergleichsweise liberale Atmosphäre, die hier noch nach 1933 geherrscht hatte und in der auch noch Claudio Arrau und Arnold Schering unterrichteten, änderte sich 1935, als das Stern'sche Konservatorium arisiert und unter der Leitung des Neu-Nazis (seit dem 1. Mai 1933) Bruno Kittel zum »Konservatorium der Reichshauptstadt Berlin« wurde. Die bisherigen Besitzer, die Familie Hollaender, versuchten bis Anfang der Vierziger Jahre die Tradition der alten Schule als private jüdische Einrichtung fortzusetzen – mit zunächst etwa 150 Schülern und 25 Lehrkräften, darunter Julius Prüwer, Paul Blumenfeld, Michael Balnemones und, aus dem Kulturbund, den Musikwissenschaftlern Anneliese Landau und Oskar Guttmann. Kurt Hollaender

Neue Synagoge
in der Oranienburger Straße

und seine Frau Herta, die ebenfalls an der Schule unterrichtet hatte, wurden im Oktober 1941 nach Lodz deportiert und kamen dort um; Susanne Landsberg-Hollaender kam 1943 in Auschwitz um.

Gefragt, wie sie alles habe bewältigen können in diesen Jahren, antwortet Paula, darüber hätte sie sich auch gewundert: *Das konnte man nur, weil man dachte, übermorgen ist es vorbei.*
»Vorbei« war es dann ganz plötzlich. Nach der Pogromnacht vom 9./10. November 1938, der »Reichskristallnacht«, wie die Berliner spotteten, wurde Albert Salomon in »Schutzhaft« genommen und für mehrere Wochen ins KZ Sachsenhausen (Oranienburg) verschleppt; Paula war erneut von der Gestapo verhört worden; Kurt Singer kehrte von einer Auslandsreise nicht zurück; die Gemeinde und der Kulturbund begannen, sich aufzulösen; der »Judenbann« machte den Rest von »Normalität« zunichte. Jetzt wurde für die Salomons die Lage unhaltbar.
Im Januar 1939 flüchtet Charlotte zu den Großeltern nach Villefranche. Am 17. März bekommen Paula und Albert eine Information über ihre unmittelbar bevorstehende Verhaftung, verlassen am selben Abend die Wohnung, einzeln und ohne etwas mitzunehmen, verstecken sich über Nacht und fliehen am 18. März mit falschen Pässen nach Holland.
Ein im »Jüdischen Nachrichtenblatt« für den 19. März 1939 angekündigtes »Abschiedskonzert für Paula Sara Salomon (Lindberg)« in der Joseph-Lehmann-Schule in der Joachimstaler Straße, bei dem sie mit Wilhelm Guttmann zugunsten des »Künstler-Mittagstisches« singen sollte, fand nicht mehr statt.

Erst 1986 kam Paula zum ersten Mal in diese Stadt zurück, anläßlich der Charlotte Salomon-Ausstellung. Und wie wenig sie auch nach einem halben Jahrhundert den bitteren Abschied verschmerzt hat, zeigt sich fast zufällig: als sie einen Spaziergang durch das Viertel in Charlottenburg ablehnt, in dem sie »zu Haus« war – das sind ein paar Straßen zwischen Kurfürstendamm und Kantstraße, Steinplatz und Wilmersdorfer Straße.

Ja, ich weiß. Nein, ich vergaß nichts.
Hier war mein Glück zu Hause. Und meine Not

hat die Emigrantin Mascha Kaléko über solche Topographie des Glücks und des Terrors geschrieben, als sie nach vierzig Jahren zum ersten Mal wieder durch »ihre« Straße ging (die Bleibtreustraße, wo sie, nur eine Straßenecke von Paulas Wohnung entfernt, 1936 bis 1938 mit ihrem Mann Chemjo Winawer gelebt hat).

Man sollte dem einmal nachgehen, im Wortsinn: auf den Spuren von Paulas Berliner Lebensgeschichte einen Spaziergang durch diese Straßen machen.

Beginnen könnte man, wo sie 1926 anfing: bei der Hochschule für Musik in der Fasanenstraße, Ecke Hardenbergstraße; nebenan, am Steinplatz, ist die Kunsthochschule, wo Charlotte bei »dem Professor« Bartning Blumen malte. Dann durch die Fasanenstraße bis zur Kantstraße; nach rechts (auf der linken Straßenseite), vorbei an der Nr. 152 – dort redigierte der Musikkenner Carl von Ossietzky bis 1933 die »Weltbühne« – zur Nr. 158: das war die Adresse der zentralen jüdischen Organisationen, seit 1928 Sitz des preußischen Landesverbands jüdischer Gemeinden und nach 1933 auch seiner Wanderbücherei, die der Dirigent und Rechtsanwalt Hermann Schildberger (1974 in Melbourne gestorben) leitete. Hier befand sich die »Zentralwohlfahrtsstelle der deutschen Juden« sowie, im Gartenhaus I, die »Künstlerhilfe«, die Jüdische Jugendhilfe, der Jüdische Frauenbund, die Beratungsstelle für Auswanderer und vor allem die »Reichsvertretung der deutschen Juden« (der das *deutsch* 1935 wie dem Kulturbund abgesprochen wurde und die sich dann »Reichsvertretung der Juden in Deutschland« nannte), die Gründung Leo Baecks; von hier aus wurde die Jüdische Winterhilfe organisiert und die Kinder- und Jugendalija nach Palästina.

Dieses »jüdische Haus«, wie es das »Israelitische Familienblatt« 1935 porträtiert hatte, würde Paula nicht wiederfinden; an seiner Stelle befindet sich heute eine Kfz-Werkstatt und ein Garagenbetrieb.

Zurück zur Fasanenstraße, Richtung Kurfürstendamm: gleich hinter der S-Bahnbrücke, auf der linken Straßenseite, Nr. 79/80, ist heute das Gemeindehaus der Jüdischen Gemeinde Berlins, mit dem geretteten Portikus jener prächtigen liberalen Synagoge, die damals (seit 1912) hier stand und 1938 verbrannt wurde, mit ihren Nebengebäuden, dem Jüdischen Lehrhaus, der Freien Jüdischen Volkshochschule. Die Ruine wurde in den Fünfziger Jahren gesprengt.

Die Fasanenstraße weiter bis zum Kurfürstendamm: gleich links, in der Nr. 26, befand sich die Pension Stern, später die Pension Fasaneneck, hier logierte Anfang der Dreißiger Jahre öfter Klaus Mann, der später in Amsterdam zu Paulas Freunden gehört. Aber wir gehen Richtung Halensee, vorbei an der Bleibtreustraße, bis zur Wielandstraße. Hier, in der Nr. 15, lebte bis 1939 die Familie Salomon in einer großzügigen Fünf-Zimmer-Wohnung im zweiten Stock, mit Blick auf das gegenüberliegende Haus an der Ecke Mommsenstraße, in dem bis zu seiner Emigration 1933 der Pianist Artur Schnabel wohnte, mit dem sie befreundet war. An dem Haus Nr. 15 ist links neben dem Eingang eine Gedenktafel für Charlotte Salomon angebracht worden.

Wielandstraße 15

Gleich an der Ecke verläuft die Mommsenstraße; hier hatten für längere oder kürzere Zeit Joseph Roth und Robert Musil gelebt, der Maler Erich Heckel, der »deutsche Zola« Max Kretzer und Felix Hollaender, einer der bedeutenden Erzähler des Berliner Judentums; in der Nr. 44 war die letzte Berliner Wohnung der Dichterin Mascha Kaléko; und in dem Haus Nr. 56 wohnte Kurt Singer, hier wurde 1933 der Kulturbund deutscher Juden gegründet.

Eine Straße weiter, in der Sybelstraße 9, befand sich von 1936 bis 1941 die Private jüdische Musikschule Hollaender; und einige Schritte entfernt das Fürstin-Bismarck-Gymnasium, das Charlotte Salomon bis 1933 besuchte.

Von der Sybel- durch die Giesebrechtstraße führt der Weg zurück auf den Ku'damm, zum Olivaer Platz; auf dem fand in den Zwanziger und Dreißiger Jahren ein großer Wochenmarkt statt, da traf man *tout Charlottenburg* beim Einkaufen, da kniete dann Paula vor Albert Einstein, um ihm die Schuhe ordentlich zuzuschnüren . . .

Die S-Bahn (vom Bahnhof Savignyplatz oder Zoo) oder ein Gedankensprung könnte uns zum Hackeschen Markt bringen, ins alte jüdische Zentrum Berlins. Hier, in der Oranienburger Straße, stand (und steht) die Neue Synagoge. In dieser größten Synagoge Berlins, und einem der schönsten Aufführungsorte des Kulturbunds, hat Paula oft gesungen. Im Haus nebenan befand sich die jüngste Kulturstätte des jüdischen Berlins, das erst am 24. Januar 1933 – eine Woche vor der »Machtergreifung« der Nazis – eingeweihte Jüdische Museum; an diesem Abend, erinnert sich J. Y. Rosenthal in Jerusalem, war alles versammelt, was im Berliner Geistes- und Kunstleben Rang und Klang hatte, an der Spitze der gefeierte greise Max Liebermann.

Als zwei Jahre später auf dem Jüdischen Friedhof in der Schönhauser Allee, nur ein paar Straßen von der

Neuen Synagoge entfernt, Max Liebermann zu Grabe getragen wurde und Paula bei der Totenfeier sang, hatte nur noch ein kleiner Kreis von Freunden den Mut dabeizusein.
Vom Hackeschen Viertel könnte man jetzt einen Bummel durch die Berliner Mitte machen, über die Spree zum Spittelmarkt und zur Kommandantenstraße, wo sich das Kulturbund-Theater befand, weiter über den Potsdamer Platz zur Bernburger Straße. Dort war die Philharmonie, in der Paulas Karriere begann. Nur wenige Schritte entfernt ist die Prinz-Albrecht-Straße 8, nach 1933 die gefürchtetste Adresse Berlins, das Hauptquartier der Gestapo, die »Zentrale des Terrors«, in der auch Paula inhaftiert war und verhört wurde. Und von hier aus sieht man den Ruinenrest des Anhalter Bahnhofs, den toten, von der jüngsten deutschen Geschichte »angehaltenen Bahnhof«, wie Heinz Knobloch ihn nannte: im Januar 1939 nahm Paula hier von Charlotte Abschied, deren Reise ins vermeintlich rettende Exil in Auschwitz endete.

Die Flucht führte nach Amsterdam, ein Zufall der illegalen Umstände. Hier wurden sie von Kurt Singer erwartet. Mit ihm teilten sie in den nächsten vier Jahren das zermürbende Leben im Exil – ohne Arbeitserlaubnis, ohne Papiere und mit täglich schwindender Hoffnung. Denn am 10. Mai 1940 fielen die deutschen Truppen in Holland ein, und alles wiederholte sich: der Ausschluß vom »normalen« Leben (bis hin zur öffentlichen Stigmatisierung, als auch im besetzten Holland der »Judenstern« eingeführt wird), die Überlebenskultur des Ghettos, der Abschied von Freunden – 1942, nach der Wannseekonferenz in Berlin, begannen die Massendeportationen. Alle Bemühungen, noch in die USA zu entkommen, scheiterten an der bösartigen Sturheit des amerikanischen Konsuls in Rotterdam, bis es zu spät war. (Paulas bittere Genugtuung, daß dieser Mann nach dem Krieg in den USA zur Rechenschaft gezogen worden wäre, beruht auf einem Irrtum.)

Im Mai 1943 meldete sich Kurt Singer für das sogenannte Prominentenlager Theresienstadt – trotz allen Anstrengungen der Freunde, ihn zurückzuhalten. Am 7. Februar 1944 kam er in Theresienstadt um.
Im Sommer 1943 wurden Paula und Albert Salomon bei einer der Razzien in ihrer Wohnung in Amsterdam verhaftet und ins Sammellager Westerbork deportiert.
Dieses Lager bei Hooghalen war 1939 von der holländischen Regierung als »Zentrales Flüchtlingslager« für die zu Zehntausenden kommenden Emigranten aus Deutschland errichtet worden. Im Sommer 1942 wurde es, unter dem Befehl des deutschen SD, zum Durchgangslager für die Deportationen zu den Vernichtungslagern im Osten; von Juli 1942 bis September 1944 wurden über hunderttausend holländische und deutsche Juden nach Auschwitz oder Sobibor transportiert, weitere Tausende nach Bergen-Belsen oder Theresienstadt.
Auch vor diesem Hintergrund fand noch statt, was die einen als gespenstische Würdelosigkeit empfanden, viele andere jedoch als Zeichen ihrer Menschlichkeit und als Trost: die Opfer spielten im Lager Theater und Kabarett und machten Musik, häufig am Vorabend eines Transports. Bekannte aus dem Berliner Kulturbund machten dabei mit: Willy Rosen und Max Ehrlich, Kurt Gerron, Camilla Spira. Paula hat sich daran nicht beteiligt. Sie arbeitete als Schwester in der Krankenbaracke, eine wichtige Verbindungsstelle im illegalen Netzwerk des Lagers.
Im November 1943 konnten Paula und Albert Salomon aus Westerbork entkommen und mit Hilfe der holländischen Widerstandsbewegung in Südholland untertauchen; hier wurden sie im Frühjahr 1945 von den amerikanischen Truppen befreit.

Sie bleiben nach dem Krieg in Amsterdam. Albert Salomon etablierte sich als Arzt, Paula wurde Gesangspädagogin am Musijklyceum in Amsterdam und wirkte mit am Aufbau des Konservatoriums in Eindhoven. 1950 wurden sie, denen man 1941

die deutsche Staatsangehörigkeit aberkannt hatte, Bürger der Niederlande; und 1978 wird Paula an ihrem 87. Geburtstag von Königin Juliane zum »Ridder in de Oranje-Nassau« erhoben.
1950 erhält sie einen Ruf als Gesangspädagogin an das Mozarteum in Salzburg; sie übernimmt einen jährlichen Sommerkurs (»Vom Sprechton zum Sington«).
Das Mozarteum, 1841 gegründet als Institut der Internationalen Mozartstiftung, war nach dem Zweiten Weltkrieg unter Leitung von Eberhard Preußner, Paulas Studienfreund in der Berliner Musikhochschule, und dem Dirigenten Bernhard Paumgartner zur staatlichen »Akademie für Musik und darstellende Kunst« geworden. Die Sommerkurse, 1916 von Lilli Lehmann eingerichtet, sind Meisterkurse für den bereits bühnenreifen Nachwuchs. Nach dem Krieg gehörten zu den Lehrkräften der Pianist Ludwig Gulda wie die Sängerinnen Lotte Schöne und Ena Thiessen, der Cellist Enrico Mainardi wie der Gesangspädagoge Ernst Reichert. In diesem Kreis unterrichtete Paula Salomon-Lindberg bis 1981. *Das*, sagt sie, *war meine Wiedergutmachung.*
Denn eine deutsche »Wiedergutmachung« hatten Paula und Albert Salomon abgelehnt, ebenso wie den Orden »Pour le mérite«, in den sie auf Anregung des damaligen saarländischen Kulturministers Emil Strauss aufgenommen werden sollten: *Mit Deutschland wollten wir nichts mehr zu tun haben.*

Das Mozarteum in Salzburg

Das war eine existentielle Notwehrreaktion. »Die Fahrt ins Exil ist the journey of no return. Wer sie antritt und von der Heimat träumt, ist verloren«, hat der Emigrant Carl Zuckmayer über solche Reaktion geschrieben.
Ganz allmählich erst hat sich Paulas Haltung verändert – nicht zu »Deutschland«, sondern zu Deut-

schen, jüngeren zumal. Seit 1986, seit der Charlotte Salomon-Ausstellung, kommt sie auch jedes Jahr nach Berlin.
1987 wurde anläßlich ihres 90. Geburtstags an der Hochschule der Künste Berlin der »Paula-Salomon-Lindberg-Wettbewerb« zur Förderung des Gesangsnachwuchses eingerichtet, der alle zwei Jahre stattfindet. Das war eine Anregung des damaligen Hochschulpräsidenten Ulrich Roloff-Momin. Von ihm kam später auch der Anstoß zu diesem Buch – und, aufgrund einer von Paula häufig gebrauchten Redewendung, auch gleich der Vorschlag für seinen Titel. Ihm gilt an dieser Stelle ein besonderer Dank, ebenso wie der Hochschule der Künste für die großzügige Unterstützung.

Paula Salomon-Lindberg in ihrer Wohnung in Amsterdam,
Dezember 1990. Fotografie von John Melskens

1897–1926: Von Frankenthal nach Berlin

Ich bin in Frankenthal geboren, das liegt zwischen Ludwigshafen und Worms, am 21. Dezember 1897 – fast ein »Christkindchen«. Es war eine schwere Geburt, meine Mutter ist beinahe gestorben, deshalb sollte sie dann keine Kinder mehr bekommen. Der Hausarzt und die anderen aus der Familie haben gar kein Interesse an mir gehabt, weil sie sich um meine Mutter kümmern mußten, nur meine Großmutter hat mich dann auf den Schoß genommen und ein bißchen zurechtgedrückt, weil ich ganz verschroben war von der Geburt. Meine Mutter war eine wunderschöne Frau. Mein Vater war furchtbar streng, er war Rabbiner und Kantor, und, wie das in Bayern üblich war, zugleich Gymnasiallehrer, dort mußte der Kantor noch irgendein Schulfach unterrichten, mein Vater hatte Latein und Griechisch als Fächer. Meine Mutter war eine sehr kluge und feine Frau, sie ist von vielen Malern gemalt worden, unter anderem von Hans Thoma.

Mein Vater ist sehr früh gestorben, die Mutter hat noch zehn Jahre länger gelebt, ist aber dann auch bereits mit 58 Jahren gestorben.

In dieser Zeit bin ich zu allen Feiertagen nach Hause gefahren. Wir saßen zu Hause an dem großen Tisch, und waren dann nur noch zu zweit alleine und saßen uns gegenüber, und da sagte meine Mutter – sie war wirklich eine wunderschöne Frau mit dunkelblauen Augen und etwas rötlichen Haaren – und sie sagte zu mir: »Mein Mann und ich, wir waren so sehr verschieden, aber deshalb kamen wir so sehr gut miteinander aus.«

Mein Vater hat ja alles, was ins Extravagante ging in mir, alles Musikalische unterdrückt. Vater war sehr begabt, er selbst hat das Technische in der Musik beherrscht, aber mich hat er in diesen Dingen bewußt klein gehalten, und in die Konzerte, die die Eltern besucht haben, wurde ich selten mitgenommen. Ich habe aber zugehört, wie der Konzertbesuch zu Hause vorbereitet wurde: daß der Vater, der ausgezeichnet Klavier gespielt hat, am Klavier saß und mit der Mutter gesungen hat. Ich wurde ganz nüchtern erzogen, es war, als ob der Vater all diese Kriege vorausgesehen hätte und wußte, daß man in bösen Zeiten in »sehr gut sitzenden Schuhen« laufen muß, damit man nicht vorher schon fällt, ehe man umgeworfen wird. Der Vater hat großen Wert darauf gelegt, daß ich auf tadellose Ordnung gehalten habe und meine Aufgaben vorbereitet habe und daß ich nur gesprochen habe, wenn ich etwas gefragt worden bin; er hat mich ungeheuer klein gehalten – auch deshalb, weil ich ein Einzelkind war, das für sich entscheiden lernen mußte. Heute weiß ich, daß es hätte schlimmer ausgehen können, als es ausgegangen ist.

Ich hatte gar keinen Umgang mit anderen Kindern, außer am Samstag mit meiner Cousine und meinem Vetter, die ja auch grausam durch die Nazis ums Leben gekommen sind. Wir gingen, wie das früher so üblich war, am Samstag mittag zum Kaffeetrinken zur Großmutter, und die anderen Kinder aus meiner Verwandtschaft kamen da auch hin – aber sie durften alles, und ich durfte nichts! Ich mußte bescheiden am Tisch sitzen.

Woher kam deine Liebe zur Literatur?

Auch durch den Vater! Er hat viel vorgelesen, und ich durfte oder mußte Texte vorlesen, da war ich aber schon in der höheren Schule und über zehn Jahre alt. Ich war sehr gut im Deklamieren, und da fand diese reizende katholische Nonne, die wir als Handarbeitslehrerin hatten: Ach, die Paula wird ja irgendwann mal Wissenschaftlerin oder so etwas, die braucht nicht handarbeiten! Die setzt sich jetzt nach vorne und liest uns vor. Und da bin ich nach vorne gegangen, wo eigentlich der Lehrer sitzt, und sie hat mir ein Buch gebracht, von dem ich den Inhalt überhaupt nicht verstanden habe – und dann habe ich vorgelesen, die anderen haben schön ihre Strümpfe stricken dürfen, nur ich nicht! Das ist meine Entschuldigung dafür, daß ich nicht viel mehr wie einen Knopf annähen gelernt habe! Sie hat selig lächelnd dabeigesessen – vielleicht hat sie diese Literatur im Kloster nicht lesen dürfen.

Warst du denn auf einer katholischen Schule?

Nein, aber in Frankenthal war ein großes Kloster, und eine der Schwestern hat im Gymnasium diesen Handarbeitsunterricht gegeben, das hatte aber sonst mit Katholizismus nichts zu tun. In der Schule waren alle Religionen zugelassen.

Hat dir das Vorlesen Spaß gemacht?

Zum Teil ja, es hat mich geehrt. Man ist doch schon als Kind »ehrsüchtig«. Aber die meisten Texte habe ich gar nicht verstanden, das waren oft Gedichte, die die Schwester ausgesucht hatte und die ich kaum begriffen habe. Ich hab es mehr so mit Ausdruck gelesen – wahrscheinlich oft falsch oder übertrieben!

Hast du da schon daran gedacht, daraus einen Beruf zu machen?

Keine Spur! Ich habe mir darüber überhaupt keine Gedanken gemacht. Was der Vater gesagt hat, das war für mich maßgebend: das Mathematikstudium, das ich dann angefangen habe, das hab ich mit größtem Fleiß und größtem Plaisir gemacht, ich war ja ganz gut in der Schule in Mathematik – es gab Dümmere, will ich mal sagen – und alles, was der Vater gesagt hat, war für mich hundertprozentig richtig und wahr, trotzdem ich mich manchmal innen recht gegrämt habe. Aber ich habe nicht den Mut gehabt, auch mir selbst gegenüber, nur eine kleine Kritik zu äußern.

Hättest du von dir aus gerne von Anfang an Gesang- oder Schauspielunterricht genommen?

Nein, im Gegenteil, denn der Vater hat ja wunderbar gesungen und herrlich Klavier gespielt, da konnte ich mir sowieso nicht vorstellen, daß ich in dieser Richtung etwas als Beruf wählen könnte.

Mein Vater hat mich nicht nur kleingehalten, sondern auch isoliert, auf Bescheidenheit erzogen: *Der Jude muß besonders bescheiden sein!* und so weiter. *Selbst wenn er wert ist, der Erste zu sein, muß er hinten stehen, damit er niemanden reizt.*

Nachher, wie ich älter wurde, hatte ich immer den Rektor der Schule auf meiner Seite, er hat sich sehr geärgert über meinen Vater, daß er mich so behandelt hat. Denn der Vater war ja Lehrer für die höheren Klassen im Gymnasium, und er hat mich auch da kleingehalten – das hätte schlimm ausgehen können, würde ein Psychiater heute sagen. Er hat an mich Fragen gestellt, die man an der Universität stellt, und an die anderen Mitschüler die Fragen, die innerhalb der Klasse angemessen waren. Die anderen haben vorbereitet und tadellos geantwortet, und ich mußte mich rasend anstrengen und habe trotzdem nicht tadellos antworten können! Dann war er zufrieden, wenn er mir keine gute Note zu geben hatte – und er hat damit das Richtige getan: ich hätte kaputtgehen können darunter, aber er hat doch wahrscheinlich erkannt, daß ich sein Typ war und eben nicht kaputtgegangen bin und dadurch gelernt habe, in der bösen Zeit durchhalten zu können. Nur dadurch konnte ich die Kraft aufbringen: Entbehren können, verzichten können, auch wenn man hungert und friert, und etwas wagen, wo man weiß, daß es jemandem guttut, aber für einen selbst schlimm ausgehen kann. Das war seine Methode, und das war ein Wagnis, aber es ist, als ob er geahnt hätte, in welche Zeit ich hineinkommen würde.

Als der Vater gestorben ist, war ich so ungefähr 20 Jahre, das war gegen Ende des Ersten Weltkriegs; eine Kriegsfolge, er hat sich angesteckt an einem schwerkranken Soldaten, dem er hatte helfen wollen. Er hat die Verwundeten betreut, und dabei hat er sich selbst eine schwere Infektion zugezogen.

Kannst du dich an den Ersten Weltkrieg erinnern?
Es war für uns ein schreckliches Erleben, insofern auch, als ein Junge aus unserer Klasse, er hieß Schweitzer und hat sich als erster Freiwilliger gemeldet – und er ist von denen, die sich aus Frankenthal gemeldet hatten, als erster getötet worden. Dadurch hat unsere Klasse noch mehr zusammengehalten, das war ja die Zeit, in der man sonst zur Tanzstunde ging, das haben wir alle abgelehnt – so habe ich nie Tanzen gelernt. Die ganze Klasse hat nicht Tanzen gelernt, weil dieser Mitschüler gefallen war. Ich sehe ihn noch vor mir, wie er in Uniform in »seine« Schule kam, alles war ihm zu groß, er war ja noch ein Junge, mit 17 Jahren.

Du hast ja zunächst angefangen, Mathematik zu studieren. Wie bist du dann darauf gekommen, Schauspiel- und Gesangsunterricht zu nehmen?
Mein Vater hatte gesagt: So ein künstlerischer Beruf ist völlig ausgeschlossen, das gibt es nicht! Du wirst erst studieren, um Lehrerin zu werden an einer höheren Schule, du kannst dir als Fach aussuchen, was du willst. Da hab ich mir Mathematik ausgesucht und in Heidelberg mit dem Studium begonnen. Aber als mein Vater dann gestorben war, bin ich in Mannheim auf die Schauspielschule gegangen und habe auch Gesangsunterricht genommen, bei August Perron, das war der Bruder des Dresdner Kammersängers Karl Perron. Ich hatte ein gutes körperliches Gefühl für das Singen, habe dann aber sehr bald gemerkt, daß ich so, wie dort unterrichtet wurde, nicht singen wollte.
Deshalb habe ich Schauspiel als Hauptfach genommen, das hatten wir in der Gesangsabteilung schon als Nebenfach gehabt, und so bin ich dazu übergelaufen, habe aber Gottseidank noch die theoretischen Fächer – Kontrapunkt und so weiter – mitgemacht. Das hat mir Freude gemacht, weil es ja wieder angeschlossen hat an die Mathematik.

Das war die Zeit, als Wilhelm Furtwängler an der Mannheimer Hochschule unterrichtete. Kontrapunkt habe ich bei Ernst Toch studiert, einem Schönberg-Schüler und Mahler-Freund, Gesang bei August Perron, und mein Lehrer in der Schauspielabteilung hieß Tietsch, ein Schauspieler und Regisseur, bei dem ich auch manchmal ein bißchen assistieren durfte – wenn er zu Besuch zu seinem Sohn nach Amerika fuhr, durfte ich die Klasse der jüngsten Schüler unterrichten. Er hat in mir die Liebe zu der edlen Formung des Wortes geweckt!

Ich habe dann in Mannheim Examen gemacht, an der Schauspielschule, und zugleich in den theoretischen Fächern an der Gesangsabteilung.

Warum warst du mit dem Gesangsunterricht bei August Perron unzufrieden?

Er hat das gemacht wie viele, er hat den größten Wert nur auf die Entwicklung des Tones gelegt! Aber ich wollte, daß das Wort und der Ton zusammenkommen. Ich fand, daß man zuviel Wert auf den Klang gelegt hat und nicht den Klang geboren hat aus dem Wort, aus dem Sinn des Wortes. Das war mir zu oberflächlich. Ich habe damals schon gesagt: *Vom Wort-Ton zum Sing-Ton* – und ich habe mich bis heute noch nicht durchgesetzt! Es muß eben beides nebeneinander gehen, daß man fühlt: der Ton ist aus dem Text geboren – beim Lied! Der Komponist war ja zuerst vom Text begeistert, aus dem das Lied entstanden ist, die Musik hat manchmal den Text »überblüht«, aber er war immer da und ist der Grund gewesen, der Boden, aus dem das Lied emporgekommen ist. Mein Schauspiellehrer Tietsch hat daran sehr viel verständnisvolle Freude gehabt.

Du hast dann selbst auch schon als Studentin Sprechunterricht gegeben. Was hast du da gemacht?

Durch die Vermittlung von Ernst Toch konnte ich dann an der Zweigstelle der Mannheimer Hochschule in Ludwigshafen Kurse in Sprachbildung geben für Sänger, aber auch vor allem für Lehrer: ich habe mir eingebildet, daß man etwas verändern

Wilhelm Furtwängler, um 1926. Fotografie von August Sander

Ernst Toch, um 1940

kann, wenn man schon in der Schule besser und gesünder sprechen lernt. Ich war dort angestellt und habe mein Brot damit verdient – oder die Butter aufs Brot! Wir haben in der Hauptsache mit Goethe- und Heine-Texten, die vertont waren, technisch und auch künstlerisch gearbeitet. Diese Kurse wurden obligatorisch für alle Lehrerstudenten, wurden aber auch von Komponisten besucht, die dann dafür komponiert haben – das war sehr schön, es war etwas Neues, aber es hat sich nicht durchgesetzt – bis heute nicht!

In der Mannheimer Hochschule spielte Professor Anton eine große Rolle, er war für Literatur zuständig, ein Theologe und Freund von Ludwig Wüllner, einem Sänger, der das Wort und den Sinn des Liedes gepflegt hat. Sein Vater war der berühmte Franz Wüllner, ein Komponist und Theoretiker. Ludwig Wüllner, einer der größten Rezitatoren, der auch gesungen hat, das war eigentlich der Mann, der das Ideal verkörperte, das ich immer angestrebt habe: daß ein Lied klingende Worte sind, daß das Wort klingt und der Ton spricht – diese »Ehe« zwischen Wort und Ton. Das Schönste war das, einmalig!

Ich erinnere mich noch an seinen letzten Konzertabend in Berlin. Da war er schon ein alter Mann, das war ein Schubert-Abend, alle berühmten Sänger saßen im Publikum – und haben geweint! Ich natürlich auch, denn es war so etwas wunderbar Schönes: das gesprochene Wort war gesungen, und das gesungene Wort war gesprochen – ein geschlossenes Kunstwerk!

Nach diesem bösen letzten Krieg ist das wieder verlorengegangen. Alles hat sich erholt: Klavier, Orgel, Geige, Oboe und was du willst, aber der Gesang nicht. Es gibt mal einen Sänger, mal eine Sängerin, aber was es damals gab – mit schönen Stimmen oder minder schönen Stimmen, aber großartiger Ausdruckskraft! Es war doch alles mehr geformt und hat eine Verantwortung erfüllt.

Durch Wilhelm Furtwängler bin ich wieder zum Gesang gekommen, und zwar durch ein Melodram, das ein Komponist

Schmidt geschrieben hatte. Das wurde unter der Leitung Furtwänglers in Mannheim aufgeführt. Die Sprech-Rolle hatte eine Schauspielerin, die in letzter Minute krank wurde. Furtwängler war verzweifelt, und da hat mein Professor gesagt: Probier's doch mal mit meiner Paula, die kann das vielleicht. Furtwängler hat sich – widerwillig – darauf eingelassen, er war natürlich zuerst etwas mißtrauisch, hat sich dann aber sehr gefreut, daß alles so gut über die Bühne gegangen ist.

Ich hatte den Text zur Musik zu sprechen. Und da sagte Furtwängler zu mir: Warum singst du denn nicht? Du müßtest doch singen, wo du so musikalisch bist! Und er hat mir geraten: Du müßtest Gesang studieren! – Ich kann das nicht, denn es gefällt mir nicht, was die Gesanglehrer hier aufbauen. Und daraufhin sagte Furtwängler: Du kommst mit zur Aufführung der Matthäus-Passion, hör dir das mal an. Julius von Raatz-Brockmann aus Berlin wird die Jesus-Partie singen, da erlebst du einen der besten Gesanglehrer Deutschlands.

Und da hab ich mir gesagt: Bei ihm will ich studieren! Ich gehe nach Berlin!

So kam die Verbindung mit Furtwängler zustande, und das Band wurde dann in Berlin noch fester. Ich habe später einige Alt-Partien bei ihm gesungen.

Wie war deine Verbindung zu Furtwängler in der NS-Zeit? Hattest du weiter Kontakt mit ihm? Und wie hast du sein Verhalten in diesen Jahren gesehen?

In der Nazizeit habe ich ja nur noch politisch gearbeitet, und im Kulturbund. Ich habe dann zu Furtwängler natürlich keine näheren Beziehungen mehr gehabt,

Wilhelm Furtwängler
Zeichnung von B. F. Dolbin

die wirklich menschlichen Beziehungen haben eigentlich erst nach dem Krieg wieder angefangen, in Salzburg, an der Sommerakademie, wo wir ihn eigentlich ein bißchen in den Arm genommen und getröstet haben, er war ein gebrochener Mann – leider Gottes. Wir waren, nach langen, schmerzhaften Aussprachen, noch bis zu seinem Tod mit ihm befreundet, wir trafen uns oft in St. Moritz. Da war ich viel mit ihm zusammen und habe ihn auch, wo ich konnte, immer verteidigt, denn er war ein zu musik- und kunstbesessener, hochentwickelter Mensch, daß er eigentlich von Politik überhaupt nichts wußte und leichtsinnig hereingefallen ist auf eine Sache, die ihm im Grunde nachher den Tod gebracht hat. Er glaubte – unpolitisch und weltfremd –, das musikalisch-künstlerische Niveau halten zu können, zu müssen, über den Verfall hinweg.

In Holland gab es ja einen in vieler Hinsicht ähnlichen Fall: Willem Mengelberg, bei dem du doch in Berlin auch gesungen hast, der Freund Gustav Mahlers. Über ihn wurde das böse Wort vom »Pétain des musikalischen Marschallstabes« geprägt. Ein so hartes Urteil, ja, eine allgemeine Ächtung, wie Mengelberg sie in den Nachkriegsjahren erlebte, widerfuhr doch Furtwängler nicht. Gewiß, er wurde angegriffen, und viele Emigranten brachten vielleicht nicht so viel Geduld auf, um seine zwiespältigen Gründe verstehen zu wollen, aber –

Ich habe mich darüber sehr gegrämt, daß gerade er nach dem Krieg so angefeindet wurde, denn es gab viele, die größere, echte »Nazis« waren. Er hat ja vielen Leuten geholfen auszuwandern, er hat es einfach in seiner Musikkunstbesessenheit nicht gesehen, wofür er sich einspannen ließ. Er dachte: Mein Gott, wenn alle jüdischen Musiker weggehen müssen, dann ist das der Niedergang der

Willem Mengelberg
Zeichnung von B. F. Dolbin

Kunst, dann muß ja einer versuchen, das aufzuhalten! – Nicht, daß ich das verteidigen will, aber das war es bei ihm. Rein charakterlich kann man da natürlich etwas einwenden, aber ich habe nichts eingewandt, denn er lebte nur für die Musik.
Mich hat das sehr bedrückt, obwohl ich schon gebissen habe nach sehr vielen, die Nazis geworden waren, nur um Karriere zu machen. Aber das war ja nicht seine Idee. Er hat ja seiner Sekretärin, einer Jüdin, und einigen anderen hinausgeholfen und ihnen so das Leben gerettet. Aber das haben die Leute dann nach dem Krieg vergessen.

Wie war deine Beziehung zu Ernst Toch?
Ernst Toch kannte ich schon aus Mannheim: Er war mein Kontrapunkt-Lehrer, ihm habe ich oft Gedichte vorgelesen, denn er hatte damals noch nie Musik zu Text komponiert, weil es ihn gestört hat, daß der Sänger den Text so wenig als Ursprung, als Grundlage nimmt. Denn der Fehler der meisten Sänger ist – leider – daß sie mehr oder weniger schön singen, aber der Text so nebenbei nur da ist, und wenn du nachher gefragt wirst: Was war das für ein Text? – dann hat es keiner verstanden. Ernst Toch hat damals zum ersten Mal Freude daran gehabt, Lieder zu komponieren, er hatte sehr viel Gefühl für das Wort. Ich habe dann auch Lieder von ihm gesungen.
Seine Frau hat immer gesagt: Durch dich hat er erstmals wieder Texte vertont. Sie war eigentlich daran schuld, sie hat immer vorgeschlagen: Rezitier ihm doch mal. Denn sie hatte viel Freude daran. Und dadurch kam er dann auch wieder darauf, Lieder zu schreiben, aber er war sehr unsicher, ob die Leute das singen können? Er wollte doch diese »Ehe« haben zwischen Wort und Ton, diese schöne geschlossene Einheit.

Er hat uns hier in Amsterdam noch besucht, als Otto Klemperer seine Zweite Symphonie hier aufgeführt hat. Da passierte diese komische Geschichte: Ich guckte aus dem Fenster auf die

Straße. Ob ich ihn noch erkenne? Dann sah ich ihn mit seiner Frau kommen, und er kaute etwas. Dabei war er doch bei uns zum Essen eingeladen! Und dann kam heraus, es war gerade Pessach, und er dachte, ich wäre orthodox und es gäbe nur Mazze! Er war auch Jude, aber er hat keine Mazze gemocht, und aus »Vorsicht« hat er vorher noch ein Brötchen gegessen – dabei gab es doch ein wunderbares Diner!

Er war ein sehr merkwürdiger, feiner Mensch, sehr geformt und vielwissend – zu fein für diese Zeit. Viele Studenten sind aus seinen Stunden weggelaufen, weil er zu viel von ihnen verlangt hat. Deshalb habe ich so viel von ihm gehabt, denn die Vorlesungen waren oft fast leer. Hinterher hat mich Karel Mengelberg in der Mensa dann gefragt: Warst du heute bei Toch, wieviel Leute waren denn da? – Sag ich: Drei. – Ich fand das wunderbar.

Etwas für sich tun, sich anbiedern und herausstellen, das konnte er gar nicht. Wenn etwas von ihm aufgeführt wurde, dann saß er oben auf der Empore in der letzten Reihe! Er war orthodox in seiner Musikalität und als Mensch ungeheuer sauber, vielleicht der Allervornehmste, wenn ich so messen dürfte!

Paula Lindberg, um 1929

In Berlin 1926 – 1933

Ich bin nach Berlin gekommen in einer Zeit, als niemand Geld hatte, und habe erst einmal eine Stelle gesucht, um irgendwo unterzukommen und mich dann von dort aus umzusehen. In einer Anzeigen-Zeitung habe ich eine Annonce gefunden, ohne Namen, die aber entzückend aussah: es sollte jemand ein Kind in Berlin, das ins Gymnasium geht, betreuen, während die Eltern auf einer Dienstreise sind. Ich habe mich dort vorgestellt – und das waren Mendelsohns, stell dir das vor, der Architekt Erich Mendelsohn und seine Frau! So ein Zufall! Und beim zweiten Gespräch kam noch heraus, daß wir mit seiner Frau verwandt sind. So habe ich die Stelle bekommen, ich sollte für die kleine Tochter von Mendelsohns sorgen, und es wurde eine große Freundschaft und Harmonie zwischen uns.
Ich habe noch ein Bild hier von Luise Mendelsohn, sie war eine sehr schöne Frau.

Als ich bei Mendelsohns angestellt war, haben sie noch in einer Pension gewohnt, ganz in der Nähe von Buchthals, in Neu-Westend. Und dort hatte ich auch ein kleines Zimmerchen und habe auf die Tochter aufgepaßt, mit ihr Schularbeiten gemacht. Und wenn Mendelsohns unterwegs waren, weil er irgendwo im Ausland gebaut hat – er hat ja damals auch in Rußland gebaut, in Palästina, in England – dann ist Luise Mendelsohn immer mitgefahren. Als sie umgezogen sind in das große Haus, wohnte ich aber nicht mehr mit ihnen zusammen.
Einmal im Monat, am Samstagabend, war bei Mendelsohns ein Treffpunkt von Freunden, und da kamen immer viele – Albert Einstein zum Beispiel. Da wurde über Architektur oder über

Malerei gesprochen, und in der Hauptsache wurde Musik gemacht. Luise Mendelsohn war ja eine ausgezeichnete Cellistin, sie wäre sicher in die Musikgeschichte eingegangen, wenn sie eine Konzertlaufbahn eingeschlagen hätte. Erich Mendelsohn war auch sehr musikalisch, er hat oft, wenn ich geübt habe oder gesungen habe, dabeigesessen und gezeichnet.
Mendelsohns waren gleich von Anfang an von den Nazis bedroht und mußten mit Hilfe ausländischer Kollegen flüchten. Nach dem Krieg, als auseinandergetriebene Freunde sich wieder gesucht haben, hat Luise Mendelsohn uns hier in Amsterdam noch zweimal besucht.

Kannst du etwas über Albert Einstein erzählen?
Ach, ein wunderbarer Mensch! Er wohnte ja ganz in unserer Nähe, und Charlotte und ich trafen ihn oft beim Einkaufen auf dem Wochenmarkt. Dann erkannten wir ihn schon von weitem an seinem etwas stolpernden Gang: er war wieder einmal mit seinen Gedanken so weit entfernt vom Alltäglichen, daß er vergessen hatte, seine Schuhe ordentlich zuzuschnüren und wunderte sich nun, warum er nicht richtig gehen konnte! Dann habe ich mich vor ihm auf der Straße niedergekniet und das erst mal »in Ordnung gebracht«. Darüber hat Charlotte immer sehr gelacht und Einstein sich köstlich amüsiert!
Ich hatte ihn ja schon als Studentin bei den Hauskonzerten von Mendelsohns kennengelernt. Zu diesen Konzerten kamen die Hindemiths natürlich hin, da

Erich Mendelsohn
Zeichnung von B. F. Dolbin

kam der Komponist Ernst Hermann Meyer, er war damals noch ganz jung, und dann natürlich befreundete Architekten und Maler als Zuhörer. Mendelsohns hatten ein großes Haus. Jeder bekannte Architekt hat ja als sogenannte »Reklame« sein eigenes Haus. Das war ein wunderschönes Haus, Hermann Göring ist dann dort eingezogen, als Mendelsohns vor den Nazis fliehen mußten!

Die Hauskonzerte waren einmal im Monat, aber jeden Samstag nachmittag wurde dort musiziert, und dazu durfte ich dann jemanden von der Hochschule mitbringen. So kam auch am Schluß Alfred Wolfsohn mit, Charlottes »Daberlohn«.

Durch Wilhelm Furtwängler bist du dann an die Berliner Hochschule gekommen?

Ja, so kannst du es wohl sagen. Er hatte ja in Mannheim zu mir gesagt: Nimm doch den Gesang wieder auf – ich bin dann einfach zu Professor Raatz-Brockmann gegangen und habe mich vorgestellt. Er wollte, daß ich ihm etwas vorsinge. Da sagte ich: Nein, das kann ich nicht, ich will lieber etwas sprechen. Und das hab ich dann getan, aber er wollte doch auch etwas von meiner Singstimme hören – so kam die ganze Geschichte in Gang. Ich konnte ja keinen Privatunterricht bezahlen, so hat er mir geraten, mich an der Hochschule anzumelden.

Er war ein vorbildlicher Stimmbildner! Später wurde ich schon ein bißchen herangezogen, weil er das auch wunderschön fand, daß man die Gesangstechnik erst einmal vom Wort her erarbeitet und dann die Musik dazubringt.

An der Musikhochschule in der Fasanenstraße habe ich dann Siegfried Ochs kennengelernt, das war *das Erlebnis* meines Lebens! Er hat den Kurs für Oratoriengesang geleitet, mit ihm habe ich mich sehr angefreundet. Er mochte mich sehr gerne, weil ich eben ein bißchen mehr von Musiktheorie wußte als die anderen Sänger, ich hatte Kontrapunkt studiert, und das war es, was ihm an mir gefiel, denn das studieren ja sonst nur die reinen Musiker. Ich war sehr oft bei ihm zu Hause. Durch ihn habe ich viele der führenden Musiker der Zeit kennengelernt, in der Hauptsache Albert Schweitzer!

Das war ein Universalgenie. Er war ein *Übermensch*, aber zugleich so menschlich, das war etwas Einzigartiges. Er sprach über die schwierigsten Themen so einfach, wie wenn wir sagen: Du, wollen wir das Fenster auf- oder zumachen? Daß ich ihm so nahe war, ist das größte Geschenk in meinem Leben!

Albert Schweitzer kam oft nach Berlin – das war vor meiner Heirat – und hat Wohltätigkeitskonzerte gegeben. Schweitzer war befreundet mit Siegfried Ochs, und wenn er in Berlin war, dann kam er immer zu ihm, weil er ihn als den wahren Bach-Interpreten unerhört schätzte. Albert Schweitzer hatte eine besondere, von der Geschichte der Instrumente herkommende Bach-Auffassung: er spielte zum Beispiel die Fugen sehr langsam, weil die Mechanik der Orgeln in der Bach-Zeit ja auch keine schnellen Tempi erlaubt hätte – die Manuale konnte man nur mit wirklichem Kraftaufwand spielen, und die Tasten gingen zweimal so tief wie bei den modernen Orgeln. Am Anfang war man durch seine langsamen Tempi doch sehr überrascht, aber schließlich fand man es ganz natürlich. Und, worauf er immer pochte: Bachs Orgelwerke waren niemals für reines Virtuosentum und musikalisch spezialisierte Hörer bestimmt, sondern für die Kirche, den »naiven« Zuhörer im Gottesdienst. Also, sie verlieren ihren wahren Charakter, wenn sie zu schnell gespielt werden, und sie verlieren dann auch ihre Wirkung, weil der Hörer in der Kirche die Linien und den Aufbau des Werks nicht mehr erfassen kann, sondern nur ein Chaos von Tönen hört. Der »wahre Bach-Stil«, erklärte er, ist klar und plastisch, auch beim Singen.

Es war beglückend, mit Ochs und ihm über Bach zu sprechen und ihn sprechen zu hören und dann für ihn zu singen. Später, in diesem ganzen Elend, habe ich mir oft sein gütiges Gesicht vorgestellt – dann konnte ich das alles leichter ertragen.

Viel später, als wir nach dem Krieg in Bühlerhöhe waren, haben wir dort die Frau eines Botschafters kennengelernt, die aus der Nähe von Lambarene kam, wo Albert Schweitzer in der Wildnis lebte, und sie fragte mich: Ich höre, Sie heißen Lindberg? Kennen Sie die Sängerin Paula Lindberg? – Sag ich: Das bin ich selber. Und da erzählte sie, daß Albert Schweitzer immer, wenn er eine Sängerin hörte, gesagt hat: Das hat ja Paula viel, viel schöner und klarer gesungen.

Dort, in Bühlerhöhe, sind wir dann später noch mit ihm zusammengetroffen. Aus diesem Sommer gibt es diese kleine Fotografie. Übrigens habe ich auch noch einen Brief von ihm, Mitte der Fünfziger Jahre, an meinen Mann. Die beiden hatten sich ja durch mich kennengelernt und unterhielten sich über ganz andere Dinge, zum Beispiel über die Ethik des Arztes; darum geht es auch in diesem Brief, aber am Schluß schreibt Albert Schweitzer: »Wie schön, daß Ihre Frau und ich uns schon auf dem Gebiete der Musik kennengelernt haben! Ach, was war das für eine schöne Freundschaft mit Siegfried Ochs!«

Paula (ganz rechts) und Albert Salomon mit Albert Schweitzer in Bühlerhöhe

Kannst du dich an deine erste Begegnung mit Siegfried Ochs erinnern?

Ihm strömte ja meine restlose Begeisterung und Liebe zu. Ich erinnere mich, wie ich zum ersten Mal in seiner Vorlesung war: Er sprach über Heinrich Schütz, und die anderen Studenten wußten sehr wenig darüber, aber ich hatte mich vorher im Sekretariat erkundigt, über welches Thema er sprechen würde und mich ein bißchen vorbereitet. Ich war fasziniert von ihm, so etwas hatte ich noch nicht erlebt von einem Menschen – er war schon schneeweiß, ein alter Mann – der mit Einfachheit Kompliziertestes löste: Inhalt, Form, Kontakt mit dem Publikum, mit diesen grausig vielen Studenten – das hat mich tief beeindruckt, ich war ja noch eine richtige »Bauerntrine«. Er hat irgendeine Frage über Heinrich Schütz gestellt, er rief so in den großen Raum hinein: Meldet sich denn keiner? – spöttisch und verärgert auf seine reizende Weise. Und da habe ich – ich saß mittendrin, vielleicht in der vierten oder fünften Reihe – ohne direkt gefragt zu sein, laut die Antwort gerufen. Er hat geguckt: Wer ist denn das? Dann hat er weitere Fragen gestellt, die keiner beantworten konnte, weil sich keiner vorher mit Schütz beschäftigt hatte. Aber ich hatte mich – zufällig oder nicht – schon lange voll Hingabe mit dem Werk von Schütz befaßt, das ja damals noch nicht so viel aufgeführt wurde! Ich bin darauf hereingefallen und habe wieder laut geantwortet. Ich war wie hypnotisiert, und die anderen Studenten haben sich toll amüsiert: als ob sie im Kino säßen und einen »Hanswurst«-Film sähen! So was Törichtes, ich habe mich nachher sehr geniert. Als die Vorlesung fertig war und die Studenten hinausströmten, hörte ich, wie Ochs zum Schuldiener sagte: Die so vorwitzig war, halten Sie die mal fest, der will ich Guten Tag sagen. Das war der Beginn unserer Freundschaft!

Er war eine einmalige Erscheinung. Wie vielseitig begabt war er! Es gab nichts, was er nicht konnte, und alles war wie angeboren, er war so ausgeglichen, es war immer so viel Helles an ihm – bis zum Schluß.

Er war ein Menschenfreund, und das spürte jeder. Es war ja doch auch eine furchtbare Zeit, in der wir studiert haben, diese Hungerzeit Ende der Zwanziger Jahre, es war doch scheußlich, und da hat man das wie eine besondere Gabe empfunden. Wenn man sich auf der Treppe traf mit anderen Studenten, dann rief man sich zu: Heut' ist Ochs-Stunde – allgemeine Freude! Natürlich haben alle daran gedacht, aber man hat es sich nochmal zugerufen, daß man sich da trifft. Er war ein Menschenfreund und zugleich furchtbar korrekt bei allem, was die Musik betraf. Diese Sauberkeit in der Musik – so etwas habe ich nie mehr erlebt. Er hatte so etwas Extravagantes – wie Leonard Bernstein, in einer ganz anderen Aufmachung, einer ganz anderen Zeit mit ganz anderen Bedingungen – aber auch dieses Einmalige!

Ach, er wurde verehrt von allen, auch von denjenigen, denen sein Stil fremd war, er war selbst so hochintelligent und witzig, und wenn er über etwas böse war, dann hat er das in Witzform gesagt. Dann hat man mit einem Auge gelacht und mit einem geheult! Warum er so auf mich gestellt war, weiß ich nicht. Darauf waren viele eifersüchtig, vor allem Kurt Singer, er hat ihn ja auch geliebt, die Professoren waren ja alle begeistert von ihm. Er war eben ein wirkliches Genie. Zum Beispiel der Vater von Aribert Reimann, Wolfgang Reimann, der ja auch ein großer Dirigent war, war anderer Ansicht in vielen Dingen, vom kirchenmusikalischen Standpunkt her, aber niemand konnte dem Charme von Ochs widerstehen.

Was er gemacht hat, war so klar und echt bis ins kleinste, von daher auch die tiefe Freundschaft mit Schweitzer. Wenn Albert Schweitzer aus Lambarene kam, war sein erster Weg nach Berlin zu Siegfried Ochs, dann wollte er Bach so hören, wie Ochs ihn interpretierte. Diese große, ungeheure Klarheit der beiden war überwältigend.

Wie war deine Beziehung zu Siegfried Ochs? Es gibt ja einige Bilder von Charlotte, in denen sie ihre Sicht davon darstellt. Wie war es wirklich?
Ich war bis zu seiner letzten Sekunde bei ihm – wie dankbar bin ich meinem Schicksal dafür. Er hat mich geliebt auf seine wunderbare Weise, er war ja ungefähr 50 Jahre älter als ich, und ich war für ihn wie sein fünftes Kind. Seine Frau ist ja leider Gottes auf dem Weg nach Theresienstadt umgekommen. Siegfried Ochs hatte zwei Töchter und zwei Söhne, der älteste war Architekt, er konnte nach England emigrieren und ist dort zugrunde gegangen, die älteste Tochter ist durchgekommen, sie war mit einem Mathematik-Professor verheiratet und ging rechtzeitig mit ihm nach Princeton. Der jüngste Sohn von Siegfried Ochs war dann nachher, als ich mit dem Studium weiter war, mein Manager, oder mein Sekretär, wie man das damals nannte. Ein bildschöner junger Mann, riesengroß. Die jüngste Tochter, mit der ich sehr befreundet war, Gertrud Ochs, die auch noch hier in Amsterdam mit uns zusammen war, ist dann mit Kurt Singer nach Theresienstadt gekommen und dort umgebracht worden. Sie war ein sehr lieber Mensch, und Freunde, die aus Theresienstadt zurückgekommen sind, haben uns erzählt, wie sie ermordet wurde: die Nazis haben einen alten Mann dort vor ihren Augen so geschlagen, daß er umgefallen ist, und da hat sie sich in dem Moment nicht zusammenreißen können und zu einem der Kerle gesagt: Du Schwein, oder so etwas. Und da haben sie sie totgeschossen.
Damals, als ich auf der Hochschule war, in der Fasanenstraße – da gehen doch in der Halle zwei riesige Treppen hoch, und wenn wir dort nachmittags zu den Proben hinaufgegangen sind, und es waren noch viele andere Leute mit uns zusammen dort im Treppenhaus, dann hat Frau Ochs immer gesagt: Paula weiß schon ganz genau, ob Siegfried rechts oder links die Treppe hinaufgehen wird. Sie behauptete immer, ich könnte seine Gedanken lesen! Von Liebe, wie Charlotte es darstellt, war da keine

Siegfried Ochs mit Johann Sebastian Bach.
Pressefotografie in der Vossischen Zeitung, 1928

Siegfried Ochs. Bleistiftzeichnung von Eugen Spiro

Spur, er war ja ein alter Mann. Er hat mich gerne gehabt, mindestens so gerne wie seine Kinder. Aber Liebe – die Charlotte meinte in ihrer Träumerei – war was anderes!

Wie kommt es, daß Charlotte es später in ihrem Buch »Leben – oder Theater?« so dargestellt hat?

Sie wußte ja noch gar nicht, was Liebe ist. Sie war ja noch ein Kind und kannte das nur vom Hörensagen. Sie hat überhaupt immer erfunden, daß alle mich lieben. Es war einfach so: ich war eine ganz gute Hausfrau, und so kamen immer viele Menschen zu mir und haben mich verehrt – wie man halt eine Künstlerin verehrt – und dann behauptete Charlotte: Alle Leute lieben dich! Das ist natürlich Unsinn.

Wann hast du Julius Smend kennengelernt, den Präsidenten der Internationalen Bach-Gesellschaft?

Ich war noch Studentin an der Hochschule und bin eingesprungen für eine in letzter Minute absagende Berühmtheit, Siegfried Ochs hatte mich ermutigt mit den Worten: Jetzt oder nie! Du bist kein Typ, der ansteht und wartet und von einem zum anderen läuft. Du mußt etwas tun, was dich gleich auf den richtigen Weg bringt. Also habe ich mich schnellstens so gut wie möglich für dieses Bach-Fest 1928 in Kassel vorbereitet.

Als das Konzert zu Ende war, kam Julius Smend zu uns herauf, damals standen Chor und Solisten ja noch oben auf der Empore, und sagte: »Es ist beglückend, unter der christlichen Jugend diese Frömmigkeit zu finden!«

Ich war erschrocken und betäubt, daß er mich so akzeptierte, obwohl ich doch Jüdin bin! So habe ich ihn kennengelernt, und es entstand eine große verehrende Freundschaft zu ihm und mit seiner ganzen Familie, die mich noch Jahre beglückt hat.

Ich war dann oft bei ihm eingeladen, er hat immer wunderbare Musikabende zu Hause veranstaltet. Einmal war ein großes Diner, und ich saß neben einem bildschönen französischen Professor. Frau Smend saß mir gegenüber, wir sprachen miteinander,

und da sagt sie: O Gott, ich habe Angst, es gibt wieder Ärger heute abend! Sie wußte schon, was ihr Mann im Sinn hatte.
Es wurde viel über Politik gesprochen, das war schon kurz vor der Nazi-Zeit, und dieser französische Professor machte mir toll den Hof. Und dann passierte es. Vor dem Essen sagte Julius Smend: Nun wollen wir beten – dann wurde christlich gebetet, und dann sagte er weiter: »Nun möchte ich auch das hebräische Gebet für unseren Ehrengast sprechen...« – und neben mir saß dieser Franzose, der, wie sich nun herausstellte, ein Faschist war! Er ist natürlich totenbleich geworden, und die anderen Leute haben sich alle verschluckt an ihrem Essen – er mußte ganz plötzlich nach Hause!
Smend war eine kolossale Persönlichkeit, das kannst du dir gar nicht vorstellen! So etwas gibt es heute kaum noch – an äußerlicher und innerlicher Größe!
Wie war deine Beziehung zu Kurt Singer, dem Intendanten der Städtischen Oper? Was war er für ein Mensch?
Ja, Gott, er sah sehr gut aus, er war ein schöner Mann, ja? Ich glaube, ich habe ihn zum erstenmal als Professor an der Hochschule gesehen. Oder vielleicht auch in Verbindung mit Siegfried Ochs? Denn nach den großen Generalproben, die öffentlich waren, ist man zusammen ausgegangen zum Essen, und ich durfte als einziges »Mädchen« dabeisein! Und da kam Kurt Singer auch mit. Singer war ja sehr vielseitig begabt: zum Beispiel war er früher Musikkritiker am »Vorwärts« gewesen – er war ja auch links eingestellt, das hat uns wohl auch zusammengebracht. Dann war er ein gesuchter Psychiater, ein Analytiker, damit hat er sein Geld verdient. Das hat er aufgegeben, als er stellvertretender Intendant der Städtischen Oper geworden ist. Er hat für verschiedene Zeitungen geschrieben, vor allem für Musikzeitschriften, er hat unerhört schnell gearbeitet, er hat ja auch hier in Amsterdam gleich musikwissenschaftliche Kurse gegeben. Arbeiten war für ihn so wichtig wie für andere Essen und Trinken.

An der Hochschule hat er Vorlesungen über Musikästhetik gehalten. Du kennst ja den großen Hörsaal in der Fasanenstraße, da war es bei ihm immer so voll wie bei Siegfried Ochs. Und wenn jemand in der fünften Reihe nicht ganz zugehört hat, vielleicht schon mit seinen Gedanken an der nächsten Stunde war, für die er sich nicht vorbereitet hatte, das hat Kurt Singer sofort gemerkt – das war unheimlich! Er hat alles registriert.
An der Städtischen Oper hat er auch inszeniert, er hat Regie geführt, zusammen mit Bruno Walter.
Er war sehr befreundet mit Tietjen von der Staatsoper, der ja später auch wegen seines Verhaltens in der Nazizeit umstritten war. Aber wir haben uns nach dem Krieg wieder versöhnt, er ist nach Baden-Baden gekommen, als wir in Bühlerhöhe waren, und da haben wir uns ausgesprochen, da war er schon ein alter Mann. Tietjen war eine ganz große, erstrangige Persönlichkeit, aber er war als Mensch beängstigend. Große Persönlichkeiten in diesem Beruf müssen vielleicht so sein, sie müssen ja für so viele Menschen da sein und jemanden zugleich mit der einen Hand streicheln und mit der anderen schlagen.

An der Berliner Hochschule hast du dann auch Paul Hindemith kennengelernt?
Ich war zuerst mehr mit seinem Bruder, dem Cellisten, befreundet, wir haben so ein bißchen geflirtet miteinander! Paul Hindemith war ein großartiger Mensch, er konnte sehr lustig sein und bequem, aber in dem Moment, wo es um die Musik ging, war er unerhört korrekt, fragend und werkgetreu – das hat mich immer an ihm begeistert!
Er kam ja aus Frankfurt und hatte, zusammen mit seinem Bruder und zwei anderen Kollegen, ein gutes Streichquartett, das »Amar-Quartett«, in dem Paul Hindemith Bratsche gespielt hat und sein Bruder Cello. Dieses Quartett kam oft nach Berlin.
Paul Hindemith wurde 1927 an die Hochschule berufen, und wir haben uns angefreundet. Ich war ja ein »Kontra-Alt«, und

das mochten die Komponisten immer ganz gerne. Aber die Hauptsache war, daß ich von der Schauspielkunst kam und immer gehaßt habe an den Sängern, daß sie zwar ganz schön gesungen haben, aber man raten mußte, was der Dichter eigentlich geschrieben hatte.

Hindemith schätzte das, er hat die »Lieder einer jungen Magd« für mich geschrieben, nach einem Text von Georg Trakl, mit einem Streichquartett und zwei Bässen, also mit sechs Instrumenten, ich hab sie als erste gesungen. Wir haben das in Göttingen mit dem Hindemith-Ensemble aufgeführt. Fritz Lehmann war der Dirigent, den kannte ich noch von der Hochschule in Mannheim. Ihn habe ich auch nach dem bösen Krieg noch wiedergetroffen, er war dann Generalmusikdirektor in München, ein wundervoller Mensch und Künstler.

Mit Hindemith war ich nachher viel zusammen, und wenn er etwas für Alt komponiert hatte, dann hat er es mir öfter gezeigt und mich gefragt: Kann das ein Alt noch mit dem richtigen Ausdruck singen? Dann habe ich ihm manchmal sagen müssen: Nein, viel zu tief! Das können vielleicht nur zwei oder drei Sängerinnen singen. Und ein Lied soll doch von Hunderten gesungen werden!

Warst du auch mal in der Rundfunkversuchsstelle der Hochschule, die auch Hindemith so besonders interessierte?

Da kannte ich den Leiter, Dr. Trautwein, wir haben dort oft die Sonntagnachmittage verbracht, da wurde mit »Rundfunkmusik« experimentiert. Also zunächst war die Frage, welche Musik sich für Übertragungen überhaupt eignete, dann der Schritt, eigene Musik dafür zu schreiben, wie Hindemith und Weill 1929 für Brechts Hörspiel »Der Ozeanflug«, und dafür eine eigene Technik zu schaffen. Friedrich Trautwein hat dann das »Trautonium« erfunden, das war schon ein Vorläufer der elektronischen Instrumente. Hindemith sah da enorme Möglichkeiten für eine demokratische, »sachliche« Musik, Unabhängigkeit der Komponisten von den Musikern und den herkömmlichen Instrumenten, massenhafte Verbreitung guter Musik. Uns hat das fasziniert damals.

Du selbst hast ja hauptsächlich Bach-Kompositionen gesungen. Wie war dein Verhältnis zur Neuen Musik?

Bach war meine Herzenssache, ihn zu verstehen und zu erleben hat mir den Weg eröffnet zur zeitgenössischen Musik. Mich hat das sehr, sehr interessiert. Zu Franz Schreker, dem Direktor der Musikhochschule und Lehrer von Ernst Křenek, hatte ich auch Kontakt. Er selbst war ja eigentlich kein Mann der Neuen Musik, aber er hat da vieles gefördert und viel Verständnis dafür gehabt. Er war vor allem ein großartiger Pädagoge. Ernst Křenek hat über seinen Lehrer, als der fünfzig wurde, so begeistert geschrieben: über seine demokratische und intellektuelle Art, sich mit seiner Zeit und der ganzen Kunst seiner Zeit auseinanderzusetzen und alles Selbständige bei seinen Schülern zu unterstützen.

Die Zwanziger Jahre der Musik wären ohne Schreker gar nicht denkbar. Heute kennt ihn ja wohl keiner mehr, aber damals wurde er auf allen deutschen Opernbühnen aufgeführt. Zuletzt ist er aber in Berlin schon wüst angepöbelt und bedroht worden. Ende Oktober 1932 gab es einen Skandal in der Staatsoper Unter den Linden, da wurde bei der Premiere seiner letzten Oper »Der Schmied von Gent« gestört und aus dem Publikum *Jude, Jude!* geschrien – ich weiß gar nicht, ob er Jude war oder nur ein »musikalischer Jude«, wie er mal kokettiert hat. Die Nazis haben ihn dann jedenfalls gleich 1933 aus dem Amt gejagt.

Sein Vater war »wahrscheinlich« ein getaufter ungarischer Jude. Er schrieb das selbst in diesem erschreckenden Brief an Max v. Schillings, den Präsidenten der Preußischen Akademie der Künste, vom März 1933, den später Joseph Wulf in seiner Dokumentation über die Musik im Dritten Reich veröffentlicht hat. Dieser Brief ist ein

einziger Kotau vor den neuen Herren, wie ihn ja viele Künstler damals machten; schließlich heißt es da sogar: »Dafür, daß mich eine sozialistische Regierung berufen hat, kann ich nichts.«
Ja, er hatte schreckliche Angst. Er hat dann einen Schlaganfall bekommen und ist Anfang 1934 gestorben, da war er erst Mitte fünfzig.

Kannst du dich an andere Lehrer oder Mitschüler an der Hochschule erinnern, die dir wichtig waren?
Zum Beispiel an Eberhard Preußner, der dann mein geliebter Chef wurde in Salzburg am Mozarteum. Er hat mit mir in derselben Klasse gesessen an der Hochschule. Oder an Karel Mengelberg, mit dem ich dann später in Holland wieder engen Kontakt bekam, er war damals in der Kapellmeisterklasse.

Ich kannte viele Studenten, auch von anderen Fakultäten, dadurch daß ich in der Mensa die Essenmarken ausgeben mußte. Das war ja in den Hungerjahren, da gab es doch in der Hochschule in der Fasanenstraße eine Essenausgabe, und ich wurde beauftragt zu kontrollieren: Hat der das auch wirklich nötig? Denn die Leute, die das Essen ausgaben, kannten ja die Studenten nicht. Und da waren oft einige darunter, die sich geniert haben, dort hinzugehen, denen habe ich geholfen, damit sie etwas bekamen, und habe andere dafür weggeschickt, die Geld hatten und nur zum Essen gingen, um sich von dem Gesparten Zigaretten zu kaufen.
Wir hatten ja alle wenig Geld. Ich wohnte damals mit einer französischen Studentin zusammen, und am Anfang des Monats, wenn wir Geld bekommen

Franz Schreker
Zeichnung von Emil Orlik

Paul Hindemith, um 1925. Fotografie von August Sander

Otto Klemperer und Paul Hindemith.
Karikatur von Willy Strecker, 1926

hatten, dann haben wir uns das eingeteilt. Und am Monatsende kamen dann immer alle zu uns, wir haben mittags warme Suppe gekocht, und jeder war froh, bei uns noch etwas zu kriegen. Da kamen dann unter anderen Karel Mengelberg und Ernst-Hermann Meyer, der damals Komposition studierte. Ihn hab ich viele Jahrzehnte später beim ersten Internationalen Gesangwettbewerb in Leipzig wiedergetroffen bei einem Empfang, da wurde mir der »Rector magnificus« der Universität vorgestellt, ich hab ihn nicht erkannt und sehr ehrfurchtsvoll begrüßt, da sagt er: »Kennste mich denn nicht mehr? Ich hab doch vor ungefähr vierzig Jahren immer Erbsensuppe bei dir gegessen!«

Womit hast du deinen Lebensunterhalt verdient zu der Zeit?

Zuerst hab ich ja bei Mendelsohns gearbeitet und auch dort gewohnt. Nachher habe ich an der Hochschule Professor Raatz-Brockmann assistiert, er war leider blind. Dann habe ich, wie viele Studenten, bei Wolfgang Reimann, dem Vater von Aribert Reimann, als bezahlte Sängerin in seinem berühmt-schönen Kirchenchor mitgesungen. Manchmal durfte ich auch beim Rundfunk einspringen, wenn dort Schallplattenaufnahmen gemacht wurden, da brauchten sie immer ein paar Sänger für die Generalproben, weil die großen Solisten erst zur Aufnahme gekommen sind.

Du hast ja ganz am Anfang des Rundfunk-Zeitalters schon eine Sendung zusammen mit Theodor W. Adorno in Frankfurt aufgenommen. Was war das?

Da war ich noch Studentin in Mannheim, das war wirklich ganz zu Beginn der Radio-Geschichte. Adorno hat mich begleitet am Klavier, ich kannte ihn vorher nicht, ich habe ihn erst bei dieser Aufnahme im Frankfurter Rundfunkhaus kennengelernt. Da hat man noch in einem kleinen Raum gesungen, so groß wie eine Telefonzelle, und der Begleiter saß in einem anderen Raum. Das bedurfte natürlich großer Vorbereitungen. Ich kann mich nicht mehr erinnern, welches Konzert das war, es war kein Bach-Stück, denn das wäre ja eine Aufnahme mit Orchester gewesen, es war ein Liederzyklus von Brahms, glaube ich. Aber ich erinnere mich, daß ich in Offenbach übernachtet habe bei einer Tante von mir, sie hatte auch schon einen Radioapparat. Adorno besaß ein Auto, und als wir fertig waren, hat er sich angeboten, mich zurück nach Offenbach zu bringen, das war damals noch sehr umständlich mit der Bahn, aber mit dem Auto dauerte es nur vielleicht 15 Minuten. Als ich dann dort ankam, sind alle fast von den Stühlen gefallen, denn die ganze Familie saß noch vor dem angeschwärmten Radioapparat und lauschte, weil sie dachten, es kommt noch etwas – und ich war schon wieder da! Das war wahnsinnig komisch – Adorno hat sich totgelacht. Er hat dann noch mit uns Kaffee getrunken, und wir haben über Musik geplaudert.

1931 hat Karl Straube mit der Aufführung sämtlicher Bach-Kantaten in Leipzig begonnen. Kannst du darüber etwas erzählen?
Das war zweimal im Monat. Straube hat die Kantate aufgeführt, die Bach für den jeweiligen Sonntag geschrieben hatte. Wenn ich frei war, bin ich immer hingefahren und habe die Alt-Partien gesungen, das gehörte für mich zum »täglichen Brot«. Ich habe darauf hin gelebt und jedesmal war es ein großes Erlebnis für mich. Die Bach-Konzerte wurden dann auch immer im Radio übertragen, und Albert und Charlotte saßen zu Hause am Radioapparat und haben zugehört.

Theodor W. Adorno
Zeichnung von B. F. Dolbin

Wie kam dein Kontakt zu Karl Straube zustande?
Karl Straube kam ab und zu nach Berlin, um ein Ochs-Konzert zu hören. Ich glaube, Straube hat mich zum erstenmal gehört, als ich noch viel jünger war und eingesprungen bin bei einem Bach-Fest, als in letzter Minute die Altistin erkrankt war. Solange Ochs lebte, kamen die meisten Dirigenten nach Berlin zu ihm, um ihn zu erleben – Freund und Feind! Georg Schumann war ja zur gleichen Zeit wie Siegfried Ochs als Bach-Dirigent bekannt, aber das war eine ganz andere Art des Musizierens, von einem ganz anderen Standpunkt aus. Nicht das, was Ochs anstrebte: den wirklichen Bach herauszuholen, diese von innigem Glauben und Liebe getragene Architektur.

Du hast in Berlin auch selbst schon am »Sternschen Konservatorium« Unterricht gegeben. Was hast du da gemacht?
Ich habe dort die Textbehandlung des Liedes unterrichtet, bei Kurt Hollaender. Das hat mir Siegfried Ochs vermittelt. Er sagte: Probier das doch mal – da war eine Stelle ausgeschrieben, und Hollaender war schon ein bißchen verzweifelt, denn vor mir war dort eine sehr berühmte und gute Sängerin als Lehrerin gewesen. Als ich zu ihm kam, wußte er gar nichts von mir und war ein bißchen mißtrauisch, er wollte meine Zeugnisse sehen, aber ich war ja noch Studentin. Und da sagte ich: Vielleicht könnte ich eine Stunde geben, dann können Sie mitgehen und sich das anhören. – Das ist eigentlich eine Idee, sagte Hollaender. Ich habe da eine Sängerin, die gibt einen Liederabend mit Heinrich-Heine-Liedern, kommen Sie doch mal mit.
Und da bin ich mit ihm hinaufgegangen, die Sängerin wollte gleich anfangen etwas vorzutragen, aber ich hab zu ihr gesagt: Ach, erzählen Sie doch erst einmal etwas über das Schaffen von Heinrich Heine. Sie hat mich angesehen und wohl gedacht, ich wäre verrückt geworden, denn sie hatte sich darüber überhaupt keine Gedanken gemacht. Kurt Hollaender unterdrückte kaum sein Lachen und sagte: »Ich muß telefonieren!« und rannte raus.

Und wie ich die Treppe runterkomme, sagt er lachend: »Engagiert!« Das war so um 1928, und ich habe dort unterrichtet bis zum Schluß, bis man nichts mehr machen durfte.
Ich habe die fortgeschrittenen Schüler unterrichtet, das waren Einzelstunden zur Vorbereitung von Liederabenden oder Konzerten, ich habe mit ihnen die Texte durchgearbeitet für ihre Programme, das war zweimal in der Woche, eigentlich das gleiche, was ich auch als Assistentin von Raatz-Brockmann an der Hochschule versucht habe: daß man nicht nur »ausbessert« an der Aussprache, sondern daß man beim Lied den Text losgelöst von der Melodie verstehen lernt, und danach erst wieder Text und Melodie zusammensetzt, um zu begreifen, wie der Komponist den Text erlebt hat. Dann sieht man: Ach, das hat der Komponist so empfunden, dann muß ja das Lied anders aufgebaut werden – denn es soll ja so interpretiert werden, wie es der Komponist verstanden hat.
Das »Sternsche Konservatorium« wurde dann 1936 »gleichgeschaltet« und in »Konservatorium der Reichshauptstadt Berlin« umbenannt. Die jüdischen Lehrkräfte führten den Unterricht als »Jüdische Private Musikschule Hollaender« zunächst privat fort, bis Kurt Hollaender und seine Schwester nach Lodz deportiert wurden. Hast du mit ihnen noch Kontakt gehabt?
Ja natürlich, ich habe in den Jahren 1936 bis 1938 dann dort an der »Musikschule Hollaender« Unterricht gegeben. Damit konnte ich immer noch eine Kleinigkeit dazuverdienen.

Ist dir eines deiner Konzerte in Berlin besonders in Erinnerung geblieben?
Ach, was wäre da zu graben! Ende der Zwanziger Jahre tagte in Berlin zum ersten Mal nach dem Ersten Weltkrieg wieder der Internationale Psychiatrie-Kongreß, und das Abschlußkonzert für diesen Kongreß war im Zoo-Palast. Kurt Singer hat dieses Ereignis als eine Wohltätigkeitsveranstaltung für die Studentenküche der Musikhochschule benützt – da hatten wir dringend

Geld nötig, denn damals war ja das Essen noch sehr knapp. Es war ein gesellschaftliches Ereignis, und deshalb sind viele Leute hingekommen, die vielleicht sonst gar nicht ins Konzert gehen würden.

Kurt Singer hatte sich etwas Besonderes ausgedacht: Es spielte das große Berliner Ärzte-Orchester, und er hatte ein ganzes Programm zusammengestellt, das war ein reiner Bach-Abend, unter anderem die Bach-Kantate »Kein Arzt ist außer Dir zu finden« – Bach hatte ja nun den lieben Gott gemeint, aber hier war es eben der irdische Arzt. Albert Einstein hat als Solist mitgespielt, und ich habe die Alt-Partie gesungen.

Das Orchester bestand nur aus Ärzten, und ich erinnere mich noch an einen Gynäkologen, das war ein großer Mann, ein Universitätsprofessor, der ein ausgezeichneter erster Geiger hätte sein können, der mußte am allerletzten Pult sitzen, weil er gerufen werden konnte, um ein Kind auf die Welt zu bringen. Da konnte man ja nicht den Konzertmeister mitten im Konzert herausrufen. So saß er ganz hinten bei den jungen Medizinstudenten, und manchmal ging die Tür auf und jemand holte ihn, dann hat er seine Geige hingelegt und ist weg! Darüber haben sich die Leute immer sehr amüsiert.

Unter Otto Klemperer habe ich Ende der Zwanziger Jahre auch gesungen, unter Bruno Walter, und mit Wilhelm Furtwängler habe ich hier in Berlin die Johannes-Passion gesungen. Das größte Bach-Erlebnis war für mich aber – und ist durch alle grausamen Zeiten geblieben – Siegfried Ochs. Er war der größte Bach-Dirigent!

Mit Erich Kleiber hab ich auch gesungen – mein Freund war er nicht. Mit ihm hab ich an der Staatsoper im »Titus« von Mozart die Alt-Partie ge-

Otto Klemperer
Radierung von F. W. W. Simon

macht, da war Heinz Tietjen noch Intendant, und Erich Kleiber hat dirigiert. Ein großes Glück für mich war es, auch unter Arturo Toscanini im »Titus« zu singen.

Gottseidank hatte ich ja früh mit dem Singen angefangen, denn ich hab ja auch früh wieder aufhören müssen – mit 35 Jahren war wegen Hitler meine Karriere aus! Nach 1933 hab ich nur noch ein bißchen im Ausland gesungen, solange ich noch rauskonnte aus Deutschland, aber dann hat man mir den Reisepaß abgenommen – und dann war jahrelang nichts!
Ich hab soviel von meiner Vergangenheit begraben, es ist für mich furchtbar schwer, das wieder heraufzuholen, aber wenn wir das nicht abgeschnitten hätten hinter uns, dann hätten wir nicht wieder aufbauen können. Ich bin eine von den wenigen, die keine »Wiedergutmachung« beantragt haben, ich wollte das alles nicht, ich wollte von vorne beginnen – und so haben wir die Vergangenheit weggedrückt. Entweder – oder! Entweder man hängt sich auf – oder man fängt von vorne an. Man darf nicht immer zurückgucken. Aber die Vergangenheit hat mich trotzdem immer wieder furchtbar geplagt – und plagt mich weiter.

Wann und warum hast du eigentlich deinen Namen von Levi in Lindberg geändert?
Das war 1926 auf Anraten von Siegfried Ochs und meinem Gesanglehrer, denn da gingen schon diese antisemitischen Geschichten ein bißchen los. Siegfried Ochs war ja auch Jude, Raatz-Brockmann nicht. Die haben das so besprochen: Wir wollen es den Leuten nicht so billig machen.
Eine Schwester meines Vaters war

Erich Kleiber
Zeichnung von B. F. Dolbin

von der Familie negiert worden, weil sie Sängerin geworden war. Die hatte einen Schweden namens Lindberg geheiratet, der Name durfte in der Familie nicht genannt werden. Aber wenn man jung ist, interessiert man sich dann ja gerade dafür. Und wie diese antisemitischen Geschichten losgingen und Ochs sagte: Wir machen denen das zu billig, die Leute könnten darauf verfallen, dich als Jüdin zu beschimpfen, da hab ich gesagt: Dann will ich Lindberg heißen, wie meine Tante. Sie war in Hamburg Sängerin an der Oper und ist später mit ihrem Mann nach Schweden emigriert.

Ich habe eine Partitur gefunden, die Bearbeitung eines Liedes von Heinrich Schütz, die bei Bote & Bock erschienen ist. Und das Merkwürdige ist, daß oben drüber gedruckt steht: »Fräulein Paula Lindberg zugeeignet«. Kannst du dich daran erinnern?

Das war herausgegeben worden von einem Organisten oder Kapellmeister Lütge, der viel von Heinrich Schütz aufgeführt hat. Ich habe eine dunkle Erinnerung an einen sympathischen Mann, er war damals schon ein älterer Herr, bei dem ich oft die Alt-Partien von Schütz-Werken gesungen habe. Er hatte eine Schütz-Aufführung von Dr. Zander mit dem »Berliner Volks-Chor« gehört, »Die Tageszeiten«. Und als er dann diese Noten von Heinrich Schütz wieder aufgefunden und bearbeitet hat, hat er es mir zugeeignet – aber warum?

Ernst Zander und der »Berliner Volks-Chor« – kannst du darüber etwas erzählen? Was habt ihr gesungen?

Dr. Ernst Zander war Zahnarzt von Beruf und »Arier«. Der Organisator war Alfred Guttmann,

Arturo Toscanini
Zeichnung von B. F. Dolbin

Mediziner und ein großer Musikliebhaber. Durch Guttmann bin ich zu dem herrlichen Arbeiter-Chor gekommen. Bei ihm zu Hause waren regelmäßig Konzerte, und da kamen auch viele Künstler hin, es wurde besonders Neue Musik aufgeführt. Er hat sich sehr für die Förderung von jungen Begabungen eingesetzt. Er war der beste Freund von Dr. Zander und zugleich auch ein guter Freund von Käthe Kollwitz. Alfred Guttmann konnte noch 1939 nach Norwegen flüchten. Er war ein Freund von Rilke, ein wunderbarer Mensch. Er ist in Norwegen elend gestorben – aus Heimweh nach Deutschland, vereinsamt und enttäuscht ...

Wo ist dieser Chor aufgetreten?

In der Philharmonie, oder auch in der Hochschule, im großen Konzertsaal der Hochschule. Der war immer voll besetzt! Es gab zu der Zeit in Berlin mehrere »Volkschöre« oder »Arbeiterchöre« – aber unserer war der größte. Und für die Aufführungen hat Käthe Kollwitz oft Wandbilder gemalt, riesige Wände hat sie bemalt, mit Motiven, die zum Text paßten: Menschen, Völker, die zusammen hinausziehen – aber zu welchen Texten das gehörte, weiß ich nicht mehr. Das ging mehr in die Richtung politischer Agitation. Das war noch in der Zeit, als man Hoffnungen hatte auf eine bessere Zukunft.

Käthe Kollwitz
Zeichnung von B. F. Dolbin

Das waren, wie man so sagte, die »guten Sozialdemokraten«. Wir haben Streiklieder gesungen – aber auch klassische Musik. Für viele war das »Erholung vom Klassenkampf«, die »saubere« sozialdemokratische Form. Meine Sympathien lagen eigentlich mehr links davon.

Was hast du beim »Berliner Volks-Chor« gemacht, hast du als Solistin gesungen oder mit dem Chor gearbeitet?

Auch da ging es eben immer wieder um das Wort. Ich habe mit dem Chor gearbeitet, wir haben in diesem Riesenchor Dichtungen gesprochen, Goethe-Verse zum Beispiel, das hat auch die Käthe Kollwitz damals sehr interessiert, wir haben dann all diese Texte zuerst im ursprünglichen Rhythmus gesprochen, dann im Rhythmus der Musik, was ich ja auch immer für Sänger empfohlen habe! Ich habe die Texte mit ihnen einstudiert, und das war für diese Leute ja sehr schwer, aber plötzlich ging das dann ganz wunderbar schön mit der Musik zusammen.

Wenn zum Beispiel die Matthäus-Passion gesungen wurde, dann haben wir die Choräle zuerst laut gelesen, dann mußten sie im Rhythmus der Bach-Komposition gesprochen werden, und dann wurden sie gesungen auf einem Vokal, ganz losgelöst vom Text, und erst danach wurde das wieder zusammengefügt. Das haben diese Leute, die doch nie Gesangsstunden gehabt hatten, wunderbar gemacht.

Dr. Zander hat mit dem Volkschor viele klassische Werke aufgeführt, wir haben zum Beispiel 1928 an dem großen Arbeiter-Sängertreffen zum 100. Todestag von Ludwig van Beethoven in Wien teilgenommen, und da haben diese Menschen, die ja überwiegend Laien waren, großartig gesungen.

Habt ihr mit diesem Chor auch moderne Kompositionen aufgeführt, zum Beispiel von Hanns Eisler oder Paul Dessau?

Nein, es gab Arbeiterchöre, die das gesungen haben, aber dieser Chor nicht. Das war der große klassische Chor. Paul Dessau

Hanns Eisler
Zeichnung von B. F. Dolbin

kannte ich sehr gut, ebenso wie Hanns Eisler. Man kannte sich, befreundet war ich nicht mit ihm.

Du hast mir erzählt, daß du bei Clara Zetkin Texte rezitiert hast. Wie kam die Beziehung zu ihr zustande?

Da muß ich weit zurückgreifen. Clara Zetkin kannte ich recht gut, schon als ich noch Schülerin war. Da gehörte ich schon zur politischen Bewegung. Das war eine Studentenorganisation, Sozialdemokraten und Kommunisten – das war zwar verboten in der Schule, aber dadurch hat mich das interessiert! Und wir veranstalteten auch einmal einen Abend mit Clara Zetkin.

Sie war eine großartige Frau, eine bezaubernde Frau, so richtig wie eine vornehme Dame, aber sie war damals schon sehr alt – so alt wie ich jetzt bin! Aber damals schien's einem alt! Durch einen Mitschüler kam ich zu ihr, auch ein Jude, ein bezaubernd bildschöner Mensch, hochbegabt, vornehm, introvertiert – er ist dann als einer der ersten umgekommen bei den Nazis. Clara Zetkin hatte ihn sehr »bemuttert«, sie hatte seine große Begabung erkannt, er war für sie wie ein Enkel, aber für ihn war sie die größte Liebe seines Lebens. Er war der geborene Philosoph und ein idealer Kommunist. Er hat mir von Clara Zetkin erzählt: Sie hört so gerne, wenn jemand rezitiert, das mußt du mal für sie machen – das konnte ich ja durch diese katholische Schwester, wegen der ich in der Schule nur gelernt habe, Knöpfe anzunähen!

Clara Zetkin wohnte in der Nähe von Stuttgart, und ich bin dann öfter mit diesem

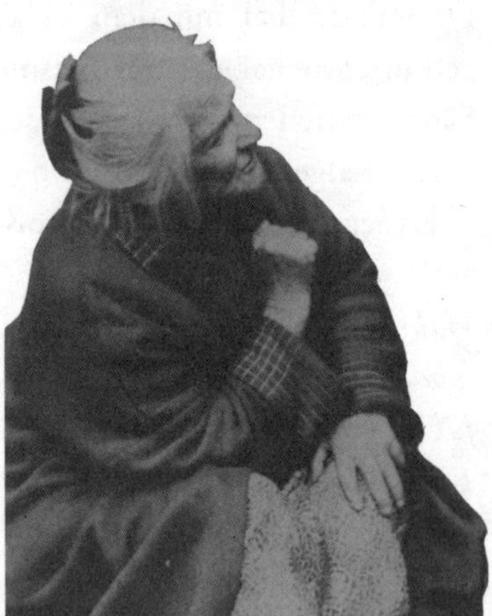

Clara Zetkin. Etwa 1920

Kurt Singer

Albert Einstein. Kreidezeichnung von Emil Orlik; etwa 1924

Mitschüler zu ihr hingefahren – ja, das war eine Liebe auf den ersten Blick! Sie mochte mich gerne, als Kind war ich sehr bescheiden, und deshalb haben mich die Menschen gerne gehabt. Sie wollte immer, daß ich ihr alles mögliche rezitiere, auch moderne Texte, die ich zum Teil gar nicht verstanden habe. Clara Zetkin hatte etwas menschlich Bezauberndes und so eine warme Intelligenz, sie war eigentlich auch fast wie ein Kind, so echt. Ich konnte plötzlich verstehen, daß dieser junge Mann, der ein Genie geworden wäre, wenn ihn die Nazis nicht kaputtgeschlagen hätten, so davon besessen war. Sie war von einer Energie und Güte zugleich, was man so selten sieht, es gibt meistens eher das eine oder das andere, und dann freut man sich, wenn bei einem energischen Menschen auch noch etwas Güte hinzukommt. Aber bei ihr waren Güte und Energie gerecht verteilt. Ich war sehr von ihr eingenommen, sie hat einen großen Eindruck auf mich gemacht. Es ging auch etwas Frommes von ihr aus.

Sie war ja dann Reichstagsabgeordnete in Berlin, hast du sie dort weiter getroffen?

Nein, in Berlin habe ich mit ihr keinen Kontakt mehr gehabt, aber doch mit vielen Sozialisten und Kommunisten.

In diese Zeit vor 1933 fällt auch deine Begegnung mit Albert Salomon, deine Heirat 1930 und deine Beziehung zu seiner Tochter Charlotte Salomon. Wie hast du Albert kennengelernt?

Das kam durch diese Kollegin, mit der ich nach dem Studium zusammen wohnte. Ihr kleiner Sohn war Patient von Albert Salomon, und deshalb hatten sie ihn zu einem Fest bei sich zu Hause eingeladen, bei dem ich auch dabei war. Wir kamen miteinander ins Gespräch, und ich habe ihn gefragt, ob er sich denn auch für Musik interessiert und ab und zu Zeit hat, ins Konzert zu gehen. »Ja, am letzten Sonntag war ich in der Philharmonie und habe die Neunte Symphonie von Beethoven gehört.« – »Dann müssen Sie mich ja auch gehört haben, denn ich habe die Alt-Partie gesungen.« Da schaute er mich traurig an, und es kam heraus, daß er nach dem zweiten Satz rausgerufen worden war, zu einem Patienten. Deshalb hatte er den Schluß verpaßt, und es wird ja nur im letzten Satz gesungen! So haben wir uns über die Neunte kennengelernt – die er gar nicht zu Ende gehört hatte!

Wie war deine Beziehung zu seiner Tochter Charlotte? In »Leben – oder Theater?« sieht es so aus, als ob du zur »Hauptperson« in Charlottes Leben wurdest – spiegelt sich darin ein richtiges Bild der Beziehung Paula/Charlotte wieder, diese Art zu schwärmen, ihre ungeheure Liebe zu dir?

Ja, ziemlich, die hat sie gehabt. Sie war ja noch ein Kind, und sie war viel länger ein Kind, als ihr euch das heute vorstellt. In ihrer kindlichen Schwärmerei konnte sie nie verstehen, wieso ich ihren unmusikalischen Vater geheiratet habe. Den Vater hat sie natürlich gern gehabt, aber er war ja wenig zu Hause. Er war der Typ des Wissenschaftlers, dem seine Arbeit über alles ging.

Und Charlotte hat sich manchmal einen Spaß daraus gemacht: wenn sie aus der Schule kam und ging mit ein paar Freundinnen durch die Wielandstraße zu unserem Haus, und sie begegnete ihm auf seinem Weg in die Klinik, dann sagte sie zu ihm: »Guten Morgen, Professor!« Dann reagierte er gar nicht, er sagte ganz gleichgültig »Guten Morgen« – denn er war so mit seiner Arbeit beschäftigt, daß er sie nicht erkannt hat. Da hat sie natürlich sehr gelacht.

Deshalb hat sie immer wieder gesagt, sie kann überhaupt nicht verstehen, daß ich ihn geheiratet habe, ihren Vater, und nicht etwa den Kurt Singer! Für den hat sie geschwärmt!

Ist es denn realistisch, wie sie deine Entscheidung zwischen Albert Salomon und Kurt Singer beschreibt?

Als sie fertig war mit den Bildern, hat sie das ganze »Leben – oder Theater?« genannt – mit Fragezeichen, das ist sehr wichtig, es bleibt immer die Frage: War es wirklich so, oder habe ich es mir nur so vorgestellt? Das haben die meisten nicht erkannt, die denken: zwei mal zwei ist vier, aber im Buch von Charlotte ist zwei mal zwei manchmal fünf – oder sogar sechs!

Dazu will ich eine kleine Geschichte erzählen, die mir gerade einfällt: Albert und ich, wir haben uns zu Beginn unserer Ehe, um sie nicht zu irritieren, voreinander sehr distanziert verhalten, Küßchen gab's gar nicht früher in Deutschland – hier in Holland küßt ja heute jeder jeden als »Guten-Tag-Gruß«, früher in Deutschland war das nicht Mode, und wir haben das überhaupt nicht gemacht. In dieser Vor-Hitler-Zeit gingen die jüdischen Kinder ja schon sehr wenig auf die Straße, und wenn Charlotte eingeladen war zu einem Kindergeburtstag, dann brachte unser Hausmädchen sie hin. Es war eigentlich üblich, daß die Mütter mitkamen und im Nebenzimmer ihren Tee tranken und sich unterhielten und so die Kinder beaufsichtigten. Aber weil ich ja meinen Beruf hatte, hab ich mich davon befreit. Eines Abends rief mich eine der Frauen an und sagte: Du, ich muß dir schnell was erzählen, ehe Charlotte nach Hause kommt. Ich wußte ja gar nicht, daß ihr nicht verheiratet seid! Sag ich: So? – Sagt sie, die Kinder hätten sich über ihre Eltern unterhalten, jedes sollte mal erzählen, wie die Eltern zu Hause miteinander umgehen. Und wie Charlotte an der Reihe war – sie konnte sich so aufrecht hinsetzen, etwas distanziert – hat sie gesagt: »Meine Eltern sind nicht verheiratet, sondern nur verlobt!«

Aber in ihren Bildern stellt sie Albert und dich doch oft Arm in Arm dar?

Das waren eher ihre späteren Wunschphantasien, vor allem nach der Zeit, als Albert zum erstenmal aus dem Konzentrationslager kam. Da hat auch sie furchtbar darunter gelitten, weil er in einem so üblen Zustand war.

Ihr hattet oft Freunde zu Besuch, jedenfalls stellt Charlotte das in ihren Bildern immer wieder dar. Wer waren eure Freunde?
Wir hatten sehr gerne und oft Gäste, in der wenigen Zeit, die Albert neben seiner Arbeit hatte. Sie hat eben Menschen gemalt, an die sie sich in der Einsamkeit ihres Exils erinnern konnte: da ist die Familie des Bruders von Albert, ein Architekt, der auch in Auschwitz ums Leben gekommen ist. Seine Frau war Zeichnerin, eine sehr begabte Frau. Und mit den weißen Haaren, das ist immer Kurt Singer. Man traf sich zum Essen, und in den früheren Zeiten hat man sich über interessante Dinge unterhalten, über ein Stück, das man gerade bei Max Reinhardt gesehen hat, über eine Messe, die aufgeführt worden ist.

Später wurde nur über die grausigen Probleme der Zeit gesprochen, über die Nazis, darüber, wer wie aus Deutschland rauskommt. Man hat überlegt, wie man schnell wenigstens die jungen Leute rausbringt, damit die gerettet sind, denn wir Älteren haben ja genau wie unsere Anti-Hitler-Freunde gedacht: Es kann nicht lange dauern – wir werden schon hier überleben. Das war aber doch auch das Unglück, wir haben immer wieder festgestellt: die Besten sind doch nicht gegangen. Die orthodoxen Juden, die ganz für sich gelebt haben, sind eher rausgegangen aus Deutschland, sie hatten ja sonst keine Verbindungen außerhalb ihres Kreises. Aber wir, die wir mit allen gelebt haben und befreundet waren und nicht vorher gefragt haben: Bist du protestantisch, katholisch, jüdisch oder was bist du? – weil wir ja den Menschen kennen wollten – wir waren viel dümmer und dann nachher viel schlimmer dran.

Wir haben uns immer gesagt: Solange du gebraucht wirst, kannst du nicht weggehen. Ich wollte und konnte es nicht verstehen, daß es so enden würde, und ich hoffe nur, daß diese Zeiten nicht mehr kommen, denn man kann das Schlimme ja nur kommen sehen, wenn man sieht, wenn man es schmeckt auf der Zunge.

Paula Salomon-Lindberg; etwa 1937

Wie hast du die Machtübernahme der Nazis erlebt? Es gibt ein Bild von Charlotte: ein Konzert mit dir als Solistin, und aus dem Publikum wirst du beschimpft als Jüdin. Wann war das?
Da meint sie wohl diese Geschichte in Bayern, kurz vor 1933, das war irgendeine Gedenkfeier, Luthers Geburtstag oder so was ähnliches, mit einem Kantaten-Konzert von Bach, zu dem ich als Altistin engagiert war. Ich war früher mal blond – heute sieht man das nicht mehr – und sah also »arisch« aus, und deshalb hat mich niemand für eine Jüdin gehalten. Die Kollegen wußten es natürlich, und der Dirigent wußte, wer ich bin. Aber der Kritiker von einer Nazi-Zeitung, der mich früher immer aus dem Quartett herausgehoben hatte, weil ich das »wahre Christentum verkörpert« hätte – das hab ich ja vielleicht auch! – hat sich darüber dann sehr geärgert und geschrieben: »Und als Altistin war wieder diese Judensau dabei!«
Kannst du dich an den 30. Januar 1933 erinnern?
Bruchstücke weiß ich noch: daß man auf die Straße raste, weil man es nicht glaubte. Und dann wieder nach oben raste, ans Radio, weil man es nicht glaubte. Man war zu feige zu glauben, daß so etwas möglich ist. Es war möglich, aber man wollte es sich nicht eingestehen. Es war zwar schon in den Wochen davor abzusehen, daß etwas passieren würde, aber das konnte man sich nicht ausdenken. Und dann war ja der größte Fehler, daß wir, und soundsoviele andere, Christen oder Juden, politisch klare Leute, noch mit Leichtigkeit hätten aus Deutschland hinausgehen können. Aber man dachte: die Jugend hinaus, die kann wieder zurückkommen, aber wir, naja, es wird ja nicht so lange dauern.

Hinaus konnte ja nur jemand, der Verbindungen im Ausland hatte, denn es wurden ja dann Visa und Gelder verlangt, anders konnte man ja nicht hinaus. Uns wurden dann die Pässe abgenommen, wir konnten uns überhaupt nicht bewegen. Dann gab es immer schärfere Gesetze und es wurde immer schwieriger.

Wann sind die Großeltern von Lotte, also die Eltern von Albert Salomons verstorbener Frau, emigriert?

Großpapa war auch Arzt, und gleich zu Beginn war es ja so, daß sie versuchten, den jüdischen Hausärzten Schwierigkeiten zu machen. Jedem Hausarzt konnte man leicht nachweisen, daß er mal eine Abtreibung gemacht hatte, und damit konnte man ihnen die Arbeitserlaubnis entziehen und sie bestrafen. Deshalb hat man den älteren jüdischen Ärzten den Rat gegeben, schnell aus Deutschland rauszugehen, wenn sie eine Möglichkeit dazu hätten.

Die Großeltern waren ja schon immer viel gereist und hatten dadurch manchen freundschaftlichen Kontakt im Ausland. Dazu gehörte auch Mrs. Moore, eine reiche Amerikanerin, die sie auf einer Reise in Griechenland kennengelernt hatten. Sie lebte in Villefranche in Südfrankreich und hat die Großeltern eingeladen, erst nur zu Besuch, und als die Zeiten schlimmer wurden, hat sie sie eingeladen, dort zu bleiben. Als es dann später große Auseinandersetzungen mit Mrs. Moore gab, haben sich die Großeltern von ihr getrennt und sind in ein kleines Zimmer gezogen.

Die Großeltern waren ja schon sehr alt, aber sie dachten wie alle, sie kommen noch wieder nach Deutschland zurück.

Kannst du dich noch an dein letztes öffentliches Konzert erinnern, bevor du Auftrittsverbot bekamst?

Ja, das war im März 1933 in Leipzig, da habe ich doch oft sonntags bei den Bach-Konzerten mitgesungen, mit dem Thomaner-Chor unter Kurt Straube. Ich bin Sonntag morgens hingefahren, da ging ein TEE-Zug von Berlin aus, und nach dem

Konzert war man auch ganz schnell wieder mit dem Zug zurück in Berlin. Und dieser letzte Sonntag, das war schon ein trauriger Witz, kann man sagen, denn am Samstag davor kam das Verbot, nach dem Juden in Deutschland nicht mehr öffentlich auftreten durften. Damit war es aus!

Da hab ich Kurt Straube angerufen, selbstverständlich nur der Ordnung halber, um abzusagen. Seine Reaktion: Das kommt überhaupt nicht in Frage, du kommst! – Sag ich: Das ist doch ganz unmöglich! – Das Gesetz ist erst ab Montag gültig, morgen ist Sonntag. – Sag ich: Aber das geht trotzdem nicht, das kann doch auch für Sie gefährlich werden! – Ich bin ab Montag krankgemeldet!

Und kannst du dir vorstellen, welche Kantate das war, die Bach dreihundert Jahre vorher für diesen Sonntag geschrieben hatte? »Sehet, wir geh'n hinauf gen Jerusalem«.

Man denkt: Ist der fou? Da waren die Jungens schon mit den Hakenkreuzbindchen in der Kirche und der Organist auch. Straube dirigierte diese wunderschöne Kantate aber fern von der scheußlichen Gegenwart. Und nach dem Konzert war er gleich verschwunden.

Was hat es mit dieser Bach-Kantate, der letzten in der Reihenfolge vor der Matthäus-Passion, denn auf sich?

Das beginnt ja mit der Ankündigung, daß sich Jesus' Passion erfüllen wird. Aber in diesen Tagen klang das doch wie ein schauriger Kommentar zu dem, was in Deutschland geschah: nach dem Reichstagsbrand und der März-Wahl, und dem ersten Terror gegen Linke und Juden, den Verhaftungen und Entlassungen. Und das fängt an mit der Aufforderung *Sehet!* und *Komm, schaue doch* – seht nicht weg, das geht euch doch an! Der Alt, also meine Partie, singt dann: *Oh harter Gang! ... Ach, gehe nicht! Dein Kreuz ist dir schon zugericht', Wo du dich sollst zu Tode bluten, hier sucht man Geißeln vor, dort bind't man Ruten, Die Bande warten dein.* Und am Schluß heißt es: *Welt, gute Nacht!* – und nicht nur ich, viele, viele, die diese Kantate am

19. März 1933 im Radio gehört haben, vor allem die jüdischen Hörer, haben das gewiß wie ein Menetekel empfunden, wie ein Zeichen der Gefahr, die den Juden drohte. Und ebenso wie Jesus in dieser Kantate haben sich ja auch die meisten Juden in ihre vorhersehbare Leidensgeschichte gefügt – leider.

Kannst du dich an andere Erlebnisse aus diesen ersten Jahren der Nazizeit erinnern, die für dich bedeutsam waren?

An die Beerdigung von Max Liebermann im Februar 1935. Er, der »große alte Mann« der deutschen Malerei und bis 1932 Präsident der Preußischen Akademie der Künste, gehörte zur Familie der Großmama.

Es war der Wunsch von Liebermann gewesen – ich kam ja öfter mit ihm zusammen, auch mit seiner Frau, als beide schon krank waren – da hat er sich immer gewünscht, daß ich ihm »Talismane« von Goethe vortrage und vorsinge. Bei der Beerdigungsfeier auf dem alten jüdischen Friedhof in der Schönhauser Allee habe ich die »Talismane«-Komposition von Robert Schumann zuerst gesungen, dann war eine Stille, und als der Sarg rausgetragen wurde, habe ich den Goethe-Text gesprochen. Das hatte er sich in seinem Testament so gewünscht. Noch heute sehe ich vor mir, wie wir dort saßen, Albert und ich als einzige Verwandtschaft von Liebermanns. Wir saßen hier auf der einen Seite, und auf der anderen Seite saßen einige enge Freunde von Liebermann.

Max Liebermann
Skizze von Emil Orlik

Auch ein paar, die keine Juden waren: Karl Scheffler, der die Trauerrede hielt, der alte

Freund Friedrich Sarre, der Direktor der Islam-Sammlung der Staatlichen Museen, die Maler Konrad von Kardorff und Hans Purrmann, und in diesem kleinen Kreis leuchtete das schöne Gesicht von Käthe Kollwitz. Sie hatten den Mut, bei der Beerdigung dieses Juden dabeizusein.

Eines der bedeutendsten Mitglieder der Jüdischen Gemeinde war damals Leo Baeck. Kanntest du ihn?

Ja, durch Kurt Singer, der zwar gar nicht mehr fromm war – jedenfalls nicht nach Schema. Wir gehörten ja in Berlin zur Liberalen Jüdischen Gemeinde. Leo Baeck hat immer gesagt: »Kurt ist nur aus Versehen nicht mein Sohn geworden!« Denn Kurt Singers Vater war auch Rabbiner in Braunschweig gewesen und war ungefähr im Alter von Leo Baeck.

Leo Baeck wurde eines Tages wegen irgendeiner Sache zusammen mit dem Vorstand der Liberalen Jüdischen Gemeinde in Berlin zu den Nazis hinbestellt. Zu Beginn der Nazizeit gab es ja immer noch solche Verhandlungen: Wir schonen diesen und jenen Juden, wenn ihr uns soundsoviel Dollars besorgt. Leo Baeck kam dort in den Raum, er war so ein schöner, großer Mann von würdigem, fast alt-testamentarischem Aussehen.

Kein Stuhl natürlich, alle mußten stehen. Und da hat Goebbels zu Baeck gesagt: Hier, Herr Doktor, Sie können sich setzen. Leo Baeck war eine große Persönlichkeit, und durch seine Ausstrahlung hat er selbst Goebbels diesen Satz entlockt! Aber Leo Baeck hat ihm geantwortet: »Danke, ich stehe mit meinen Brüdern!«

Gleich im Frühsommer 1933 wurde ja der »Kulturbund deutscher Juden« gegründet. In Charlottes Buch »Leben – oder Theater?« gibt es ein paar Bilder dazu: sie zeigt Kurt Singer, wie er mit Goebbels über die Genehmigung verhandelt. Tatsächlich genehmigt wurde der »Kulturbund« aber zunächst von Göring als damaligem Preußischen Innenminister. Wie kam es dazu?

Kurt Singer war eine große Persönlichkeit. Und da er auch ein großer Psychologe war – er war ja eigentlich von Haus aus Psychiater und hat sich erst später ganz auf die Musik konzentriert – wußte er den Göring einzuwickeln. Das ist ein Grund. Ein zweiter Grund ist, daß Kurt Singer im Ausland sehr bekannt war und für die Genehmigung des Kulturbundes Dollars herbeischaffen mußte – und konnte. Kurt hatte einen Paß für Amerika, und von den jüdischen Organisationen dort wurden Tausende von Dollars gesammelt, die die Nazis als Devisen dringend brauchten. So ging das.

Was war der Kulturbund, was habt ihr da gemacht?

Der Kulturbund war ein Auffangbecken für die vielen arbeitslosen jüdischen Künstler, vor allem so lange, bis sie eine Möglichkeit hatten, aus Deutschland hinauszukommen. Und er war zugleich eine künstlerische »Zerstreuung« für diejenigen, die keine Möglichkeit hatten, aus Deutschland wegzugehen. Wir haben Konzerte veranstaltet, wir durften aber nur aufführen, was nicht »urdeutsch« war. Man konnte dabei auch ein bißchen schummeln. Komischerweise durften wir zum Beispiel Schubert-Lieder singen, wenn die Texte von Heinrich Heine waren, also von einem Juden – das durften wir dann! Französische Lieder konnte man singen und natürlich alle jüdischen Komponisten. Aber auch Oratorien, weil die Texte aus dem Alten Testament sind – das haben wir uns dann so zurechtgeknobelt.

Wir haben dann auch Schallplatten gemacht, mit jüdischen Liedern. Das wurde finanziert aus der Stiftung des Verlegers Mosse, der Vorsitzender der Jüdischen Reformgemeinde gewesen war.

Dort gab es einen Chor, in dem ich dann auch den Alfred Wolfsohn untergebracht habe. Das war ein Chor hauptsächlich aus Berufsmusikern, denn das waren alles Leute, die einen Berufsnachweis brauchten. Dieser Chor hat religiöse Lieder gesungen, alte und zum Teil auch Neue Musik, denn es gab ja viele moderne jüdische Komponisten. Da wurde unter anderem die Musik von Ernst Toch aufgeführt, von Chemio Winawer und von Edvard Grieg. Natürlich ebenso auch von Felix Mendelssohn Bartholdy!

Gibt es noch Schallplatten-Aufnahmen von dir aus dieser Zeit?

Wenn ich danach gesucht hätte, hätten wir sicher noch welche finden können. Mein Mann hat mir nach dem Krieg einen kleinen Plattenspieler geschenkt, und meine damalige Assistentin hat sich große Mühe gegeben, einige von den alten Platten zu bekommen. Es gab in Berlin einen Organisten, Dr. Schildberger, der nach Australien emigriert war, er hatte viele Platten von mir mitgenommen. Nach dem Krieg hat er uns hier in Amsterdam besucht und einiges davon mitgebracht. Und da habe ich sie alle kaputtgemacht – ich wollte sie nicht. Vor unserer Flucht hatte ich eine so wunderschöne Plattensammlung in Berlin, aber nun interessierte mich das nicht mehr. Es gab dann, als ich in Salzburg war, ein Angebot von einer Plattenfirma in Wien, sie hatten noch die alten Tonbänder und wollten die alten Platten neu auflegen, aber ich habe das abgelehnt. Ich wollte mein Leben von vorne beginnen. Das war mir ja dann auch für ein paar Jahre vergönnt, denn sonst hätte ich es nicht durchgestanden.

Aber jetzt habt ihr mich wieder herausgezerrt!

Welche Funktion hatte das Kulturbund-Orchester bei der Rettung von Menschen?

Es war so: erstens waren die jungen Menschen, vor allem die jungen Männer, am gefährdetsten, die keine Arbeit hatten. So hat man in dem Orchester Menschen unterbringen können, die

gegeigt haben oder auch nur scheinbar gegeigt haben – dafür haben wir gesorgt. Das galt vor allem auch für Menschen, die politisch gefährdet waren. Und dann versuchte man, für sie eine Ausreisemöglichkeit zu organisieren.
Wer Familie im Ausland hatte, für den war es einfacher. Es mußte ja eine ungeheure Abstandssumme gezahlt werden. Die wurden dann hier nur mit Kleidern versorgt und ab! Aber wer keine Familie draußen hatte, die ihm Geld geben konnte, den mußte man heimlich hinausbringen. Und das mußte oft sehr schnell gehen, wenn es politisch Gefährdete waren. Vor allem zu Beginn, später ging das ja »en gros«, aber für diese einzelnen, da mußte man mit Lügen sehen, ihnen irgendwelche Ausreisepapiere zu beschaffen und sie bis dahin zu versorgen.
Zum Beispiel Alfred Wolfsohn, der »Daberlohn« aus »Leben – oder Theater?«, er war ja auch politisch sehr tätig, ihn hätten sie sofort aufgehängt. Wir haben ihn im Chor untergebracht, damit er eine Beschäftigung hatte. Auch viele berühmte Opernsänger von der Staatsoper haben wir dann in den Chor aufgenommen, als Chorsänger. Zum Beispiel der berühmte Sänger Hermann Schey, der hier in Holland eine große Karriere gemacht hat und ein großer Sänger geworden ist, hatte zuerst auch gar keine Möglichkeit, ins Ausland zu gehen, und da hat man ihn, einen unserer größten und teuersten Solisten, in unserem Chor von der jüdischen Reformgemeinde untergebracht.
Gerade Menschen, die einen berühmten Namen hatten, wurden am schnellsten gesucht, denn es gab immer jemanden, der sich mal über sie geärgert hatte und sich rächen wollte.
Es dauerte ja oft, bis man falsche Papiere beschafft hatte: Was machen wir mit dem Mann, bis er ausreisen kann? Wo bringt man den Mann solange unter? – Er ist geschützt, solange er im Orchester ist. – Aber er kann ja gar keine Geige und kein Cello spielen? – Geben wir ihm eine kaputte Geige, und er muß so tun, als ob er spielt. Damit ist er dann ein Mitglied des Orchesters. Aber das konnte man nur für eine kurze Zeit machen,

Kurt Singer (in der Mitte neben der »Norina« Rita Atlasz) bei der Premiere der Kulturbund-Inszenierung von Donizettis *Don Pasquale*, 1937

Gouache von Charlotte Salomon

wenn man wußte: in plus/minus sechs Tagen ist er weg – wenn es jemand war, der aus politischen Gründen gefährdet war, Kommunist oder Sozialist oder was – hinaus damit! So konnte man auch im Theater bei den Statisten Menschen unterbringen, die überhaupt nicht Theater spielen konnten. Aber das sind ja alles Sachen gewesen, die man nicht ein Jahr lang machen konnte, das ging nur über 14 Tage oder drei Wochen oder auch mal fünf Wochen, und in dieser Zeit versuchte man, ihnen falsche Papiere zu besorgen. Da mußte man sehen: Wo ist jemand, der Papiere und Geld beschaffen kann?

Waren die Menschen wirklich Schauspieler, dann konnte man sie in Ruhe richtig beim Kulturbund-Theater anstellen. Aber diejenigen, die wir da hineingeschmuggelt haben – das konnte nicht lange gehen, denn sonst war die Gefahr zu groß.

Aber so konnte man Leute retten. Zum Beispiel bei der Kabarett-Truppe von Rudolph Nelson, die dann auch hier in Amsterdam war. Die sind 1934 ausgereist mit einem ganzen Haufen anderer Leute, die nie Schauspieler gewesen waren oder mit Nelson gearbeitet hatten. So konnte man nicht sehr viele, aber doch einige hinausbringen. Auch arische Leute waren darunter, die zur Anti-Hitler-Bewegung gehörten und wegmußten.

Wahrscheinlich kann man die Leute an den Händen zählen, denen dadurch geholfen werden konnte, aber die waren doch dann erst einmal gerettet.

Wir haben extra Küchen gehabt, um diese Leute zu versorgen, denn die Menschen hatten ja nichts mehr zum Essen; ich habe in der Kleiderstube mitgeholfen, und wir hatten Nähstuben, damit die Künstler etwas zum Anziehen bekamen, denn ihre eigenen Sachen wurden beschlagnahmt. Ich habe später oft darüber nachgedacht, wie das eigentlich war in den ersten Jahren, und mich gefragt: Wann hat man eigentlich geschlafen?

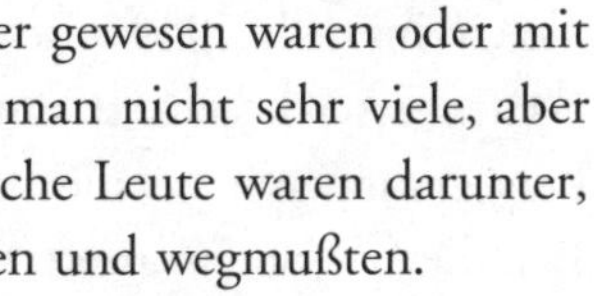

Rudolph Nelson am Flügel
Zeitgenössische Karikatur

Ungefähr überhaupt nicht. Und das konnte man eben nur, weil man dachte, übermorgen ist es vorbei.

Du hast trotzdem noch im Kulturbund bei vielen Oratorienaufführungen gesungen, und du hast Liederabende gegeben –

Das waren zum Teil große Konzerte in der Philharmonie oder in einer der Synagogen. Wir hatten ja gute Kapellmeister, doch alles mußte sehr vorsichtig gehandhabt werden. An sich durften nur Juden zu den Konzerten eingelassen werden, aber es kamen natürlich immer auch andere hereingeschlichen – aber die Juden durften ja später in kein anderes Konzert mehr gehen, die durften nur in diese Kulturbundveranstaltungen.

Hast du denn im Rahmen des Kulturbunds auch weiter zeitgenössische Kompositionen gesungen, wie vor 1933?

Selbstverständlich! Aber das Publikum – auch das jüdische Publikum – war eher traditionell eingestellt. So wurde die moderne Musik hauptsächlich in Hauskonzerten aufgeführt, da habe ich dann oft als Altistin mitgewirkt. Zum Beispiel gab es gleich im Juli 1933 ein Hauskonzert, bei dem ich mit dem Neuen Streichquartett unter anderem Lieder von Sara Wittenberg gesungen habe, die Paul Dessau arrangiert hatte.

Bei diesen Hauskonzerten haben wir Werke junger jüdischer Komponisten oft zum ersten Mal aufgeführt, ich erinnere mich an Berthold Goldschmidt, der auch an der Städtischen Oper mit Kurt Singer gearbeitet hatte. Er war manchmal mein Begleiter bei Liederabenden, und er konnte ziemlich früh nach England emigrieren. Stell dir vor, nach über fünfzig Jahren habe ich ihn in Berlin wiedergetroffen, bei einer Zusammenkunft in der Akademie der Künste. Ich hätte ihn nicht wiedererkannt, aber er kam auf mich zu und sagte: »Ich habe Sie doch früher manchmal am Klavier begleitet!«

Berthold Goldschmidt, 1933

JÜDISCHER KULTURBUND, BERLIN E.V.
[redacted]
Künstlerische Leitung: Dr. Kurt Singer, Intendant / Verwaltung: Direktor Hans Zander, Dr. Werner Levie
Berliner Theater
BERLIN SW 68
Charlottenstrasse 90/92
A 7, Dönhoff 7735
Postscheck: Berlin 165777

Es gab neben den Hauskonzerten aber auch einige öffentliche Aufführungen zeitgenössischer Musik. Ich erinnere mich an die Uraufführung des Oratoriums »Das Lied von Moses« von Max Ettinger im Bach-Saal, das habe ich zusammen mit Hermann Schey zuerst gesungen. Aber selbstverständlich hatte das klassische Repertoire, soweit wir es noch aufführen durften, mehr Erfolg beim Publikum.

Welche Bedeutung hatten diese Konzerte für das jüdische Publikum?

Auf der einen Seite war es für sie wie ein Gottesgeschenk, daß sie eine Ablenkung hatten, und viele haben das als Ablenkung oder als eine Trost-Medizin empfunden, daß sie noch etwas Musik hören konnten. Manche hatten gar nicht begriffen, wie schwer die Zeiten waren, sie dachten, das ist nur vorübergehend, und nächste Woche könnten sie schon wieder in die Philharmonie gehen.

Du sprichst vom Berliner Publikum?

Aber nicht nur. Kulturbünde gab es ja auch in der Provinz, sogar außerhalb des Reichs, unter anderen Umständen, in Danzig. Da sind wir natürlich auch aufgetreten, um die zu unterstützen; in Danzig zum Beispiel war ich schon Anfang 1934. Und bei allen Unterschieden: das jüdische Publikum in der Provinz und in Berlin hatte doch vieles Gemeinsame.

1937 gab es im Kulturbund eine Diskussion über die »Erziehbarkeit des Publikums«, des jüdischen Publikums zu spezifisch »jüdischer Kultur«; Anlaß war wohl die Beobachtung einer gewissen »Erschöpfung« durch jüdische Themen – daß es also vielleicht nicht so bereitwillig selbst an der Errichtung kultureller Ghetto-

mauern mitwirken wollte. In dieser Debatte, die in der ersten Nummer der »Mitteilungen des Reichsverbandes der Jüdischen Kulturbünde in Deutschland«, im August 1937, veröffentlicht wurde, hast du dich ja auch zu Wort gemeldet, mit Eindrücken aus der Provinz. Das liest sich darüber hinaus ein bißchen wie ein künstlerisches Manifest, für die Situation damals –

Das war es wohl auch. Druck es doch einfach wieder ab:

[Das Publikum] – »»Eine kleine Stadt, ein kleiner Kulturbund. Sommerhitze, schlechtes Klavier. Über die Hälfte des Publikums ostjüdische Arbeiter. Auf meine Orientierungsfrage, was hier für Konzerte in den letzten Monaten stattgefunden hätten, erhielt ich zur Antwort: »Nur Lehrvorträge und ein Rezitationsabend.«

Trotz drückender Atmosphäre im Saal gesteigerte Anteilnahme des Publikums, die sich bei dem Vortrag jüdischer Volkslieder zu einem Mitsummen verdichtet. Die Honoratioren versuchen dies durch Gesten zu unterbinden. Aber eine rostige Stimme beharrt, mit mir ... um die Wette zu singen. Nach Schluß des Abends steht jemand verlegen an der Tür des Künstlerzimmers und antwortet auf meine Frage, ob er ein Anliegen habe: »Der Rebbe hat gesagt, ich solle mich entschuldigen bei Ihnen – ich wollte nicht mitsingen, aber Ihnen kann man nicht widerstehen.« In dieser kleinen Episode liegt der Kern des Verhältnisses des ausübenden Künstlers zum Publikum.

Ausgehend von der Begriffsbestimmung der Kunst als Schwester der Religion, war es für mich in diesem Falle höchste Erfüllung meines Wollens, ähnlich wie der Vorsänger im Gotteshaus, Mittler zwischen Gott und dem Menschen, diesen zu zwingen, sich der Musik hinzugeben. Es darf für den Ausübenden weder eine Rolle spielen, ob Männer oder Frauen, Alte oder Jugend, Zionisten oder Nichtzionisten, Provinz- oder Großstadtmenschen das Publikum ausmachen. Wichtig ist nur, daß in der besonderen Atmosphäre der jüdischen Kulturbünde eine Verwandlung statt-

findet: der alte Mensch, allein gelassen, vergrämt, wird stufenweise aus seiner Vereinzelung zur Anteilnahme geweckt; die Jugend, skeptisch, kühl, abwartend, läßt ab von ihrer objektiven Einstellung, läßt sich begeistern; die Zionisten, die jüdische Musik wollen, müssen die Gewalt einer klassischen Arie bejubeln und Nichtzionisten eine Horrah als Zugabe verlangen.
Das Publikum, gewöhnlich definiert als öffentliche Masse, hat sich für den Künstler – oder er ist keiner – aufzulösen in eine Vielzahl von Individuen, von denen jedes angerührt werden muß von einem großen, alltagsfernen Erlebnis. Von diesem Standpunkt aus betrachtet, verliert auch die Besonderheit eines *nur jüdischen Publikums* jede Bedeutung bis auf den einen Punkt, daß ein gesteigertes Interesse an jüdischer Kunst als selbstverständlich angesehen werden muß. Handelt es sich hier um wirkliche Kunstwerke, so appellieren auch sie an die Reaktionsmöglichkeiten des menschlichen Herzens.««

Wie haben denn die anderen Kulturbund-Künstler diese Situation begriffen? Wollten sie sich gewissermaßen auf Dauer darin einrichten – »ad multos annos«, wie Kurt Singer fast beschwörend im Kulturbund-Almanach 1934/35 schrieb?
Wir waren natürlich alle sehr ergriffen und mitgenommen von dem, was passierte, aber viele haben den blutigen Ernst dieser Sache nicht begriffen, auch viele der Schauspieler und Sänger nicht, die im Kulturbund gearbeitet haben. Sie dachten nur daran, daß sie weiter Theater spielen konnten. Für uns, die wir wußten, was es bedeutete, war es jedesmal wieder schweißtreibend, denn eine »Erlaubnis« war im Nu wieder geändert, schon war wieder ein neues Gesetz in Kraft, da mußte dieses oder jenes vorgezeigt werden. Oder es passierte, daß jemand, der eine Hauptrolle spielen sollte, plötzlich festgenommen worden war. Wir durften ja auch untereinander über vieles nicht sprechen. Zum Beispiel, als wir einen politischen Freund von mir ins Orchester gesetzt hatten, durfte das auch von den Sängern

niemand wissen, man mußte selbstverständlich schweigsam sein – auch den Juden gegenüber.
War es auch eine Art Widerstand der Juden gegen die Nazis, indem man jüdische Identität versuchte zu bewahren?
Nein, das würde ich nicht so sehen, das haben vielleicht einzelne so empfunden, aber ein politischer Mensch denkt doch nicht so. Was wir alle nicht gedacht hatten, wir nicht und wohl im Grunde auch Kurt Singer nicht: daß es so lange dauern würde. Man dachte, das Ausland wird helfen, und bis dahin müssen wir sehen, wie wir durchkommen und Schwächeren helfen durchzuhalten.

Durch diese Organisation der »Künstlerhilfe« ist auch Alfred Wolfsohn zu dir gekommen, der »Daberlohn« aus Charlottes »Leben – oder Theater?« Kannst du über ihn etwas sagen?
Ich hab ihn versorgt, damit er eine Stellung hatte. Er kam zu mir, um Arbeit zu finden, er mußte eine Arbeit nachweisen, denn wer nichts nachweisen konnte, wurde am andern Tag geholt. Und nur so konnte man die Leute schützen.
Offiziell hatte ich ihn als Korrepetitor angestellt, obwohl ich ihn eigentlich nicht brauchte, wenn ich Unterricht gegeben habe. Wir haben viel Krach miteinander gehabt – künstlerische und auch menschliche Auseinandersetzungen!
Was hat er gedacht und getan? Was war er für ein Mensch?
Was soll ich sagen? Er war sehr intelligent und nicht sehr geordnet: ein hochbegabter Dilettant in allem. Er war als Freiwilliger im Ersten Weltkrieg gewesen und durch eine Kriegsverwundung fast ein Jahr lang ohne Gedächtnis. Da er ein geborener Psychologe war, hatte er großen Einfluß auf die Jugend. Kurt Singer hatte ihn mir ja damals geschickt, damit er die dilettantische Arbeit eines »geborenen Analytikers« übernahm, die Jugend, um die man sich in der Not wenig kümmern konnte, etwas zu betreuen. So hatte er eine »offizielle« Arbeit, bis er eine Ausreisemöglichkeit hatte.

Wir hatten kleine Kurse eingerichtet, mit Charlotte und noch drei oder vier Jugendlichen, und sie haben zusammen Texte analysiert und über irgendein Thema gesprochen, über Shakespeare zum Beispiel, oder über Heinrich Heine, alles dilettantisch, aber begabt – so wie er war.

Wir hatten ihn auch hier im Synagogenchor der Reformgemeinde untergebracht, damit war er offiziell tätig, und man konnte ihn halten, für ein paar Wochen oder Monate, in der blöden Voraussicht: Es wird ja doch bald zu Ende sein!

Für ihn selbst mußte man ja auch sorgen, er hatte auch niemanden im Ausland, und Geld hatten wir sowieso schon nicht mehr – aber er ist dann durch eine Schülerin von mir nach England gekommen, sie war Engländerin und mit einem Deutschen verheiratet, sie hat Alfred Wolfsohn dann nach England geholt.

Bei ihm ging alles vom Körper und von der Seele aus. Das hörte sich sehr schön an, solche Theorien gibt es ja heute auch von sogenannten Psychologen, er hat damit in England sehr gute Dinge angeregt, daß die Menschen mehr wissen, wo ihre Kehle sitzt und was sie mit der Kehle machen müssen, wie der Klang entsteht. Das war doch für viele von Nutzen. Er hat auch viel mit Schauspielern gearbeitet, da hat er sogar bessere Arbeit geleistet, er war sehr klug und mitfühlend. Er hat auch furchtbar viel mitgemacht, er ist in England sehr früh gestorben, seine Schwester und sein Bruder sind in der Nazizeit ums Leben gekommen. Wie viel hat auch er gelitten.

Wie war seine Beziehung zu Charlotte? Sie stellt es ja in »Leben – oder Theater?« so dar, als ob es eine Liebesgeschichte zwischen ihr und »Daberlohn« gegeben hätte?

Weil sie sich das gewünscht hätte, später, als sie reifer war! Aber zu der Zeit war sie ja noch ein ganz junges Mädchen, sie war ja viel länger ein Kind, als das heute bei jungen Mädchen ist.

Als das erste Buch mit den Bildern von Charlotte herauskam, haben wir Alfred Wolfsohn eines gebracht, und da fing er an zu weinen und sagte: Gott, das habe ich nicht geahnt! – er war ja mit allen Mädchen so bemüht, mit allen Kindern, und wir waren ihm dankbar dafür, daß Charlotte sich ein bißchen bei ihm aussprechen konnte, über ihre Begabung oder Nicht-Begabung. Er war wohl übertrieben in vielen Dingen, ein Schwärmer und ein »Sucher« auf jedem Gebiet! Das war aber für Charlotte und die anderen Mädchen gerade das Großartige, das Besondere, das Wunderbare an ihm. Er sagte: Du kannst zeichnen, du kannst dichten, du kannst dieses und jenes! – und das war eben eine große Hilfe in dieser schrecklichen Zeit, die ihr Selbstbewußtsein zerstören wollte.

Bleiben wir bei Charlotte. Wie ist sie darauf gekommen, an die Hochschule zu gehen und Malerei zu studieren?
Man wußte ja gar nicht, wo der Weg hingeht. Es war auch noch nicht klar, daß sie zu den Großeltern nach Südfrankreich gehen könnte. Also haben wir überlegt: Was wird aus dem jungen Mädchen? Es muß doch einen Beruf lernen. Und da hat sie gesagt: »Zeichnen möchte ich gerne.« Das hat sie oft gesagt. Und dann sagte die Großmama: Du mußt was Praktisches lernen. Zeichne doch Kostüme oder so etwas. Denn das hatte sie früher manchmal gemacht, Faschingskostüme entworfen. Als dann die Zeiten schlimmer wurden, hatte man auch immer weniger Zeit, sich mit ihr zu beschäftigen und über solche Sachen zu reden. Und sie hat dann immer wieder gesagt, sie möchte so gerne Zeichnen lernen, denn damit könnte sie doch auch beruflich etwas machen.
Sie konnte dann ja als Jüdin nicht mehr in die Schule gehen, sondern hat nur noch ein »Notabitur« gemacht. Aber es gab dann dieses Gesetz, daß eine bestimmte Zahl von Juden studieren durfte, deren Väter im Ersten Weltkrieg das »Eiserne Kreuz« gekriegt hatten. Und da haben wir gesagt: Dann lassen wir ihr doch diese Möglichkeit. So ist sie dann an die Hochschule gekommen.

Ihr habt sie darin unterstützt, einen künstlerischen Beruf zu wählen, anders als dein Vater?
Selbstverständlich. Wir haben uns darüber gefreut, sie war untergebracht, und sie hat sich auch gefreut, war nicht mehr so verstimmt, wie sie vorher oft war, genauso wie viele andere Kinder, die gar nicht mehr wußten, wo ihr Weg hingehen soll. Denn die Eltern hatten ja alle wenig Zeit für ihre Kinder, alleine laufen lassen konnte man sie auch nicht, denn das waren damals die schlimmsten Zustände auf den Straßen: Wenn da ein paar von diesen Kerlen auftauchten, die haben doch die Juden einfach verprügelt auf der Straße. Unser Plus war, daß weder mein Mann noch Lotte noch ich »typisch jüdisch« aussahen, wie die Nazis sich das so vorstellten. Das war eigentlich das Schlimme auf der einen Seite, auf der anderen Seite war es das Gute, denn sonst hätten wir vieles gar nicht mehr vorbereiten können. Auch ich hätte meine Arbeit im Widerstand nicht mehr tun können. Für andere, die »typisch jüdisch« aussahen, war das ganz unmöglich. Denn wenn es auch kein offizielles Gesetz gab: Schlagt die Juden tot!, so waren doch schon viele bereit, die Juden auf der Straße zu quälen.
Von 1935 bis 1937 war Charlotte als Studentin an den damaligen »Vereinigten Staatsschulen für freie und angewandte Kunst« am Steinplatz. Warum hat sie das Studium nach anderthalb Jahren abgebrochen?
Es sollte in der Hochschule eine Ausstellung sein mit Schülerarbeiten, für die dann ein Preis vergeben wurde, und da hat sie ein Bild eingereicht, »Der Tod und das Mädchen«, das hat sie nachher Alfred Wolfsohn geschenkt, er hatte sich das zum Geburtstag gewünscht. Charlotte war sehr bescheiden und still, unter ihren Mitschülern mochten sie aber alle gerne. Ihr Lehrer war Ernst Böhm, er war selbst mit einer Jüdin verheiratet, und er hat zu ihr gesagt: Du kriegst natürlich keinen Preis, denn du mußt im Hintergrund bleiben – er wußte schon, was passieren konnte, wenn eine jüdische Studentin einen Preis bekam.

Transparent der Jüdischen Winterhilfe

Aber die Jury wußte ja nicht, wer welches Bild gemalt hatte und gab Charlottes Bild den Preis. Ausgerechnet! Und da mußte sie dann natürlich weg, weil nun öffentlich bekannt wurde, wer sie war.

Du bist selbst von der Polizei verhaftet worden, wann war das, und was passierte dann mit dir?

Die erste Geschichte passierte ganz zu Beginn, gleich 1933, da wurde ich verhaftet, das heißt, man hat mich zur Polizei am Alexanderplatz hinbestellt mit irgendeiner Begründung. Wir hatten ja von Anfang an Affidavits, um ins Ausland zu gehen, und so dumm waren die Nazis ja auch nicht, daß sie gedacht hätten, wir wollen nur für vier Wochen zu Vorlesungen oder Aufführungen nach New York gehen und dann wieder zurückkommen. Wegen einer dieser Einladungen aus Amerika sollte ich zur Polizei kommen, aber der wirkliche Grund war, daß man irgendwelche Informationen aus mir herausholen wollte. Man hat mich tausend Dinge gefragt: Warum ich da gewesen bin, warum ich dort gewesen bin, Namen, die ich kannte. Ich wurde nicht geschlagen, aber ich wurde Tag und Nacht verhört – mit Liebenswürdigkeit, so scheinbar freundlich: Entschuldigen Sie bitte, aber wir können nicht anders ... – ekelhaft, grausig!

Ich bin wieder herausgekommen mit Hilfe von Freunden; da gehörte der Rechtsanwalt Neumann dazu, er hat die Informationen weitergegeben. Zu Beginn der Nazizeit gab es doch noch sehr viele arische Leute mit Namen, berühmte Rechtsanwälte, die großen Einfluß ausüben konnten, den sie dann auch bald verloren haben. Ich wurde 16 oder 17 Tage gefangengehalten,

Reichsverband Jüdischer Kulturbünde in Deutschland

Donnerstag, den 6. Februar 1936, abds. 8¼ Uhr
Bechstein-Saal, Linkstraße 42

Lieder und Duette

Paula Salomon (Lindberg)
Wilhelm Guttmann

Am Flügel: **Rudolf Schwarz**
Wolf, Schumann
Jüdische Komponisten: Fromm, Sekles (zum Gedächtnis)
Kahn (zum 70. Geburtstag)

Karten zu RM 1.00, 2.00, 3.00 im Kulturbund, Kommandantenstr. 57; Zahlstelle Aschaffenburger Str. 18 (Laden); Zigarrenhaus Hirschfeld, Jagowstr. 44; Buchhandlung Poppeiauer, Neue Friedrichstr. 59; Philo Verlag, Pariser Str. 44 und an der Abendkasse
Eintritt nur mit Kulturbund- oder Reichsverbandskarte (R-Karten auch an der Abendkasse)

ich war die ganze Zeit im Polizeigebäude am Alexanderplatz. Meine Familie wußte damals, wo ich bin, es durften mir sogar noch Sachen zum Anziehen dorthin gebracht werden. Unser arisches Dienstmädchen – sie gehörte zu den Zeugen Jehovas und wurde später auch umgebracht – hat mir noch ein Paketchen gebracht. Das wurde natürlich alles kontrolliert, ob keine Nachricht dazwischen war.

Da kam mir zu Hilfe, daß ich mich sofort 1933 angemeldet hatte, um mein Examen als chirurgische Schwester zu machen. Das war das einzig Voraussehende, das ich im Leben getan habe! Das Jüdische Krankenhaus hat mich dann angefordert, ich wäre unverzichtbar, dadurch bin ich schneller aus der Haft wieder rausgekommen. Ich hatte noch einen wunderbaren Rechtsanwalt – ein bildschöner, stolzer, großer Mann, der immer mit einer weißen Rose im Knopfloch herumgelaufen ist. Er war kein Linker, er war viel eher konservativ, aber er war anti Hitler. Den hatten mein Mann und Freunde von mir informiert, daß ich verhaftet worden bin, ich selbst konnte ja überhaupt nichts tun. Aber ich konnte mich auf meine Freunde verlassen, so daß man mich zuletzt freigelassen hat.

Die zweite Geschichte mit dem Paß war viel gefährlicher. Das war dann bei der Gestapo in der Prinz-Albrecht-Straße. Da bin ich fast ins KZ gekommen, weil sie dachten, ich hätte einen gefälschten Paß. Das kam so: Als Albert und ich heirateten, wurden wir in meiner Geburtsstadt Frankenthal getraut. Und wie wir in Frankenthal ins Standesamt kamen, war die große Überraschung, daß der neue Bürgermeister ein früherer Schulfreund von mir war. Er gratulierte uns, und als er die Papiere ausfüllen sollte, sagte er: Na, wann Paulas Geburtstag ist, das weiß ich doch, da waren doch immer die wunderbaren Kinderfeste, da denken wir noch heute dran. Und dann hat er in die Papiere guten Glaubens »22. Dezember« geschrieben, und ich habe das gar nicht gemerkt. Ich hatte doch einen furchtbar strengen Vater, und der hatte bestimmt: Am 21. Dezember gibt's kein Fest, da ist noch Schule, und dann paßt ihr nicht mehr auf, weil nachmittags ein Fest ist. Also waren meine Geburtstagsfeste immer am 22. Dezember, und das wußte dann jeder.
So kam dann diese Geschichte, 1938, daß ich wegen meines Passes ins Amt gerufen wurde. Unter meinen vielen christlichen Freunden war einer der bedeutendsten Berliner Rechtsanwälte, der auch mit dem Widerstand zusammengearbeitet hat, den hab ich sofort angerufen. Ich sagte ihm die Zimmernummer, zu der ich hinkommen sollte, denn er kannte die Ämter, von denen man dann sofort abtransportiert wurde. Aber diese Nummer kannte er nicht. Also bin ich hingegangen, und Charlotte hat furchtbar geheult, sie ist mit unserer Hausangestellten, die wir damals noch hatten, mit zur Prinz-Albrecht-Straße 8 gekommen, mein Mann durfte ja sowieso nicht mitgehen. Charlotte und das Hausmädchen sollten unten in einem Telefonhäuschen warten, und wenn ich nach einer halben Stunde nicht wieder draußen war, sollten sie den Rechtsanwalt anrufen.

Gouache von Charlotte Salomon

Alfred Wolfsohn. Fotografie von Marta Günter, 1951

Ich ging also in dieses Zimmer, und da sagte der Mann zu mir: Ihr Paß ist falsch! – wir hatten unsere Pässe schon abliefern müssen, weil dort ja reingeschrieben wurde, daß wir jüdisch sind – und dann fragt er mich: Wann sind Sie denn geboren? – Sag ich: Am 21. Dezember. – »Da steht aber 22. Dezember!« Gottseidank hat mein Gedächtnis funktioniert, und ich habe zu ihm gesagt: »Haben Sie Kinder? Dann erzähle ich Ihnen mal was.« Und dann hab ich ihm die ganze Geschichte erzählt, die Wahrheit, so wie sie war. Und dann sagte der Beamte bloß: Die Geschichte ist zwar gelogen, aber nett!

Beim ersten Mal wollten sie nicht so sehr mich kaputtmachen, als vielmehr Namen aus mir herauskriegen. Aber sie haben dann gleich lockergelassen, weil viele Menschen sich für mich eingesetzt haben, auch wenn sie selbst nachher halbe Nazis wurden, aber sie haben noch nicht so sehr darauf vertraut, daß ihre Partei siegen wird. Als Sängerin und auch als Pädagogin kannte man ja so viele Menschen.

Die erste Verhaftung habe ich eigentlich sofort wieder vergessen, während die zweite Geschichte bei der Gestapo furchtbar war. Da habe ich nächtelang nicht geschlafen aus Angst und vor Ekel. Es war auch deshalb furchtbar, weil ich wußte, daß Charlotte und unser armes Dienstmädchen unten in der Telefonzelle standen, und das dauerte Stunde um Stunde. Und ich hatte Angst, die beiden werden auch geholt ...

Kurz danach kam Albert dann in das KZ Sachsenhausen. Da wurden viele jüdische Akademiker in »Schutzhaft« genommen.

Im »Angriff«, einer Nazi-Zeitung, wirst du 1934 als »kommunistische Agitatorin« bezeichnet. Wie kam es dazu?

Von dem Arbeiterchor aus habe ich ja immer mit vielen Linken zusammengearbeitet, mit dem Kreis um Alfred Guttmann, mit der Käthe Kollwitz und anderen. Ich war seit 1927 in einer Linksgruppe. Diese Gruppe hat zunächst illegal weiterbestanden, aber ganz anders als vorher, denn es wurde ja nun ernst. Während der Illegalität hatte man überhaupt keine richtigen Namen mehr, sondern jeder bekam einen Tarnnamen, damit man niemanden verraten konnte. Das mußte man richtig lernen und sich einprägen, denn sonst war ja die Gefahr, wenn man verhaftet und gefoltert wurde, daß der eine oder andere doch in der Not einmal etwas verriet.

Gab es Verbindungen zwischen der politischen Widerstandsgruppe, von der du gesprochen hast, und den jüdischen Organisationen?

Später konnte man keine richtigen Gruppen mehr haben, sondern einzelne Menschen haben für einzelne Menschen gesorgt, ob die nun aus einer Gruppe stammten oder nicht.

Man hatte nur noch die Idee: Wie kommt man zu einem Affidavit, wie kommt man zu einem Passport, wie kommt man nicht noch einmal in ein Konzentrationslager? Man mußte Menschen helfen, die psychisch schlechter dran waren, man probierte wieder, mit der »Künstlerhilfe« jemanden durchzubekommen, da war wieder ein Loch, da konnte, durch Geld oder durch Einspruch von Leuten aus dem Ausland, wieder eine Gruppe Leute weggehen, da überlegte man, wen kriegt man da rein, wer muß raus? Dann wurde wieder einer bestochen im Gefängnis, um jemanden herauszubekommen – das war nachher unsere Arbeit. So haben wir dann doch eine Reihe Menschen gerettet.

Wie ging das, jemanden aus dem Gefängnis freizubekommen?

In unserer Gruppe war zum Beispiel jemand mit dem Türschließer in einem Gefängnis befreundet, der immer die Papiere auszufüllen hatte. Den konnten wir dazu bringen, daß er diese Papiere gefälscht hat. Wenn da zum Beispiel stand, jemand sollte am 3. Mai aus dem Gefängnis entlassen werden, dann hat er das korrigiert in »1. Mai« – und wenn dann der richtige Termin kam und zwei von den Kerlen wollten ihn abholen im Gefängnis, da konnte der Türschließer sagen: Der ist doch schon vor zwei Tagen weg! – und die Papiere waren so wunderbar gefälscht, daß die das nicht gemerkt haben. So haben wir den einen oder anderen herausgeschafft. Denn es war ja so, daß die Juden, die aus der Haft entlassen wurden, hinterher sofort ins Konzentrationslager deportiert wurden. Deshalb mußte man versuchen, die Gefährdeten früher aus der Haft rauszubekommen. Und so haben wir das dann geschafft. Das ging natürlich nur gegen Geld, das war meine erste furchtbare Enttäuschung!

Ich weiß, daß dir das schwerfällt, aber kannst du dich an die Nacht vom 9. November 1938 erinnern, an die sogenannte Reichskristallnacht?

Ich kann mich nicht mehr im einzelnen an diese Nacht erinnern, weil vieles begraben wurde dadurch, daß ich ja das Gleiche dann nochmal wieder in Holland erlebt habe – in anderer Farbe. Es hat sich ja hier alles wiederholt.

In der *Kristallnacht* waren wir zu Hause – man war wie erschlagen. Während man vorher immer dachte: das kann nicht immer so bleiben, das wird ja morgen schon vorbei sein – war man nun wie totgeschlagen. Man war wie vor den Kopf geschlagen. An diesem Abend konnte man noch telefonieren, und so hat man sich gegenseitig angerufen, um sich zu informieren, was passiert war.

Und dann hörten wir es natürlich auch von der Straße: Da sind schon Leute abgeführt worden, da brennt es! – das ging so von Mund zu Mund: Der und der ist auch verhaftet worden, der hat sich erschossen – Menschen, die ja nicht die innigsten Freunde waren, mit denen man aber doch zusammen war. Was soll man tun? Man wußte es nicht. Der einzige Gedanke war: Vor allem die jungen Leute müssen rausgebracht werden!

1938, kurz nach der »Reichskristallnacht«, wurde Albert Salomon zum erstenmal verhaftet und ins KZ Sachsenhausen gebracht. Charlotte stellt in ihren Bildern dar, wie du ihn dort wieder freibekommen hast. Wie hast du das geschafft?

Mit Hilfe von unseren Affidavits – und mit meiner Frechheit! Zum einen hatten wir dann schon wieder große Einladungen aus Amerika, und andererseits hatte ich falsche Papiere besorgt, das waren richtig offizielle Entlassungspapiere, die gefälscht waren von unserer Untergrundorganisation. Ich habe zwei Papiere bekommen, so konnte ich außer Albert noch den Bruder unseres Hausarztes, einen Juristen, mit herausbringen. Diese Papiere wurden dann auf irgendwelchen Wegen nach Sachsenhausen geschickt, die waren grandios gefälscht.

Das war furchtbar, stell dir vor, was Albert mitgemacht hat. Sie mußten ja dann von Sachsenhausen zurücklaufen, und dieser Bruder unseres Hausarztes konnte nicht mehr, er ist zusammengebrochen und war tot, Albert mußte ihn liegenlassen und weitertippeln. Er kam in einem fürchterlichen Zustand an, er war ungefähr drei Monate dort gewesen, sie hatten ihn geschlagen, immer aus offiziellen »Anlässen«. Als Albert nach Hause zurück kam, wog er nur noch 78 Pfund.

Albert kam ja erst einmal zurück in eure Wohnung in der Wielandstraße. Mußtet ihr dann nicht sofort weg? Denn es wurde doch sicher im nachhinein entdeckt, daß die Papiere gefälscht waren?

Wir hatten ja großartige Affidavits mit großen Namen drauf – und davor hatten sie immer ein bißchen Angst. Ich hatte ein Affidavit von der Metropolitan Opera, und dann noch eine Einladung von Albert Einstein, und Albert hatte ein Affidavit von Thomas Mann und von seinem Neffen in Princeton. Aber wir hatten ja keine Pässe mehr, und so sind wir erst mal in Berlin geblieben, bis uns dann ein Freund gewarnt hat: Morgen werdet ihr geholt. Weg!

Zu dieser Zeit konnte man noch bis einundzwanzig ohne Paß ins Ausland reisen. Das war kurz vor Charlottes 22. Geburtstag im Frühjahr 1939, und so haben wir beschlossen: Charlotte muß schnellstens hinaus, denn später geht das vielleicht nicht mehr. Deshalb haben wir Charlotte zuerst weggeschickt, auf Umwegen zu den Großeltern in Südfrankreich, das war Anfang 1939, also kurz nach der Kristallnacht.

Es gibt von ihr ja mehrere Blätter, auf denen sie den Abschied von Berlin dargestellt hat, wie sie ihren Koffer packt und mit euch zum Bahnhof geht. Konnte sie denn überhaupt etwas mitnehmen, wie ist sie denn herausgekommen aus Deutschland?
Sie hatte nur eine kleine Tasche, mit einigen Zeichensachen, und dann hatte sie sich Schallplatten ausgesucht, auf denen ich gesungen habe, »Carmen« hat sie mitgenommen, auf diese Platte ist sie ganz verrückt gewesen. Die ist ihr einmal runtergefallen und da war seitdem ein Sprung drin, und wenn sie wütend war auf mich, dann hat sie die immer gespielt. Das ging dann so: »Am Walde von Sevi – Sevi – Sevi –« – das war ihre Rache. Dann hat sie noch die Aufnahme von »Elias« mitgenommen, mit der Arie »Sei stille dem Herrn«, und dann noch eine Platte mit dem Lied »Talismane«, das ich auch am Grab von Max Liebermann gesungen hatte. Diese drei Platten hat sie mitgenommen. Und eine Bluse, denn sie durfte ja nicht viel mitnehmen, es mußte ja so aussehen, als ob sie nur übers Wochenende wegfährt, um ihre Großmutter zu besuchen. Wir hatten Briefe herbeigeschafft, gelogene Briefe, von den kranken Großeltern, die sie am Wochenende besuchen sollte. Mein Mann konnte nicht mit an den Bahnhof kommen, auch mein Schwager nicht, das wäre zu auffällig gewesen, nur meine Schwägerin kam mit. Und in letzter Minute kam dann Alfred Wolfsohn.

Ihr seid kurze Zeit später auch aus Berlin geflohen. Wie habt ihr das geschafft?
Wenige Wochen später war es auch mit uns zu Ende: im März 1939 sind wir aus Berlin geflohen. Am 19. sollte ein Liederabend von mir stattfinden, zusammen mit Wilhelm Guttmann, dem großen Bariton von der Städtischen Oper. Das Konzert war ausverkauft, und am Tag davor sind wir verschwunden. Solche Geschichten passierten natürlich öfter. Wir mußten fliehen. Wir hatten keine Pässe, und unser Freund Neumann hatte

gehört, daß wir in dieser Nacht verhaftet werden sollten. So sind wir weg auf falschen Pässen – wir hatten Papiere von arischen Leuten, die man uns beschafft hatte, daß wir drei Tage übers Wochenende ins Ausland fliegen dürfen. So sind wir dann herausgekommen.

Auch Wilhelm Guttmann durfte nichts von unserer Flucht wissen, der arme Mann! Ich konnte ihn nicht mehr anrufen, das wäre zu gefährlich gewesen, und ein eigenes Telefon hatten wir sowieso schon nicht mehr, das durften die Juden ja nicht mehr haben. Wir mußten sehr vorsichtig sein, wir sind nicht mal zusammen die Treppe hinuntergegangen, sondern einzeln, jeder von einem anderen Platz, wo wir diese letzte Nacht verbracht hatten, ohne jedes Päckchen oder irgendwas. Stell' dir vor, wo ich diese letzte Nacht in Berlin versteckt war: bei den Wertheims, den früheren Besitzern des KaDeWe, das ja »arisiert« worden war.

Es war eigentlich nur ein Zufall, daß wir nach Holland gekommen sind, es war das nächste, deshalb war es das billigste. Ich hatte ein einziges Mal unter Willem Mengelberg gesungen und dachte, vielleicht kann ich dort arbeiten, denn wir hatten ja keinen Pfennig in der Tasche. Wir haben ja auch gar nichts mit hinausnehmen können. Wir haben dadurch auch sehr viel verloren – aber das war dann ganz unwichtig geworden. Das einzige, was ich aus Berlin gerettet habe, ist ein silbernes Eßbesteck mit Charlottes Namen drauf. Das hatten wir dem Rechtsanwalt Neumann mitgegeben, er hat es für uns verwahrt bis nach dem Krieg.

Wilhelm Guttmann als »Eugen Onegin« in Berlin 1938

Kurt Singer ist ja auch nach der Pogromnacht in Amsterdam geblieben, er war schon vor euch dort. Wann und wie ist er aus Deutschland herausgekommen?

Das war Ende 1938. Kurt Singer war

wieder auf einer dieser Amerika-Reisen, von dort kam er immer zurück mit Dollars von jüdischen Hilfsorganisationen, und damit konnte er dann wieder eine Gruppe Menschen herausbringen. Unterwegs hatte er diesmal ein Telegramm bekommen, durch unsere Widerstandsgruppe, daß er auf keinen Fall nach Berlin zurückkommen sollte, daß es zu gefährlich wäre. Seine Schwester hatte er noch herausbringen können, seine Mutter war inzwischen gestorben, aber sein Bruder, der ja auch Arzt war in Berlin, war schon verhaftet worden. Es gab neue Terroraktionen, so daß auch Göring diesen »charmanten«, wenn auch bezahlten Dienst nicht mehr leisten konnte, Singer zu schützen. So hat man ihm geraten, im Ausland zu bleiben, und da ist er auf dem Rückweg von Amerika hier in Amsterdam geblieben und hat abgewartet.
Er hätte nicht im Traum daran gedacht, nach Holland zu gehen. Er war hier ja praktisch ohne jegliches Gepäck angekommen – so wie wir später auch, er hatte ja geglaubt, wieder zurückzukehren. Und als dann im Mai 1940 die Deutschen in Holland einmarschierten, hat er, wie wir und viele andere auch, immer gehofft, von hier aus doch noch nach Amerika zu entkommen.

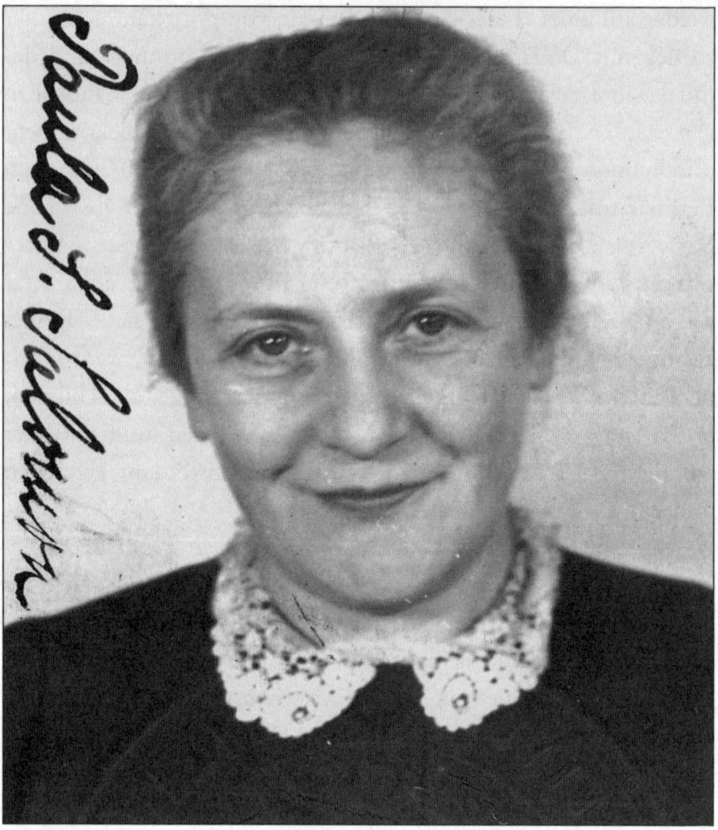

Paula Salomon-Lindberg, 1939

Ein schwedischer Schüler und Freund von mir, der in meiner Untergrundgruppe war, ein arischer, blonder Schwede, der gute Kontakte zu Göring hatte und dort immer herumgeschnuppert hat, um herauszufinden, was geplant ist, ist mit uns nach Amsterdam geflogen. Wir haben natürlich so getan, als ob wir ihn gar nicht kennen. Als wir hier in Amsterdam ankamen, hat er uns die falschen Pässe wieder abgenommen und ist mit dem nächsten Flugzeug nach Berlin zurückgeflogen – er brauchte sofort die Pässe wieder für andere Leute.
Und da stand Kurt Singer am Flugfeld. Wir haben dann hier zusammen gewohnt, ich habe für die beiden Männer gesorgt, wir haben eine Doppelwohnung gefunden, bei Frühlings, dem Direktor vom Spinoza-Gymnasium, den wir schon von früher her kannten. Bei ihm haben wir Zimmer bekommen.

Kurt und ich haben dort Stunden gegeben, wir haben junge Menschen zu uns kommen lassen und mit ihnen gearbeitet, da waren auch die beiden Frank-Mädels dabei, Anne Frank und ihre Schwester.
Kurt Singer hat unter anderem für Kinder Kurse über Literatur veranstaltet, Kurse über irgendein Thema, das für sie wichtig war, für die jungen Mädchen und Jungens hier in Amsterdam, die auch emigriert oder wie wir hier hängengeblieben waren. Das war zu der Zeit, als wir noch Hoffnung hatten, mit unseren Affidavits und Berufungen wegzukommen an amerikanische Universitäten; man hat in der Zwischenzeit versucht, die Jugend zu beschäftigen. Mein Mann und ich waren mit Otto Frank, dem Vater von Anne, befreundet; er hat uns später auch

die Tagebuch-Texte von Anne Frank gebracht, wie sie gefunden wurden.

Wovon habt ihr hier in Amsterdam gelebt?

Man hat versucht, ein bißchen Geld zu verdienen. Ich habe ja früher hier gastiert, so kamen einige Sängerinnen zu mir zu Partie-Stunden, damit habe ich ein paar Pfennige verdient. Offiziell durften die Emigranten ja nichts arbeiten, so waren die Gesangsstunden nur »unter der Hand«. Bruno Walter hatte mir zum Beispiel einmal die Kathleen Ferrier geschickt, um sie auf das »Lied von der Erde« vorzubereiten. Kurt hat Musikkurse für Kinder gemacht, er hat auch private Vorträge gehalten, meist Analysen von Musikstücken.

Albert durfte ja nicht als Arzt arbeiten, er hat medizinische Aufsätze geschrieben, die nach dem Krieg veröffentlicht wurden. Er war in einem fürchterlichen Zustand durch das Konzentrationslager.

Gab es hier in Holland Hilfsorganisationen für Emigranten, die euch finanziell unterstützt haben?

Es gab, wie in Amerika und anderen Ländern auch, Hilfsorganisationen für Emigranten. Da hat man jede Woche oder jeden Monat etwas Geld bekommen. Wir haben hier von einer holländischen Untergrundorganisation gefälschte Pässe bekommen, weil wir ja wegwollten und keine Pässe mehr hatten.

Das waren furchtbare Geschichten. So haben wir dann hier sofort nach unserer Ankunft wieder Einladungen und Papiere für Amerika bekommen – und eine Fahrkarte. Aber dieses Schiff, mit dem Hunderte von Akademikern aus Holland nach Amerika gebracht werden sollten, verzögerte die Abfahrt immer weiter, Woche um Woche, weil angeblich irgendwas

Aus der Kulturbund-Presse

kaputt war – bis der Krieg kam. Da konnte man nicht mehr weg! Da war dann alles zu spät.

Wie hat denn die holländische Bevölkerung auf den Einmarsch der deutschen Truppen am 10. Mai 1940 reagiert?

Wie überall: Zuerst waren zwei Drittel dagegen, dann war nur noch die Hälfte dagegen, und zum Schluß war nur noch ein Viertel dagegen, weil sie gesehen haben: dann verliere ich ja alles, da mache ich lieber mit – ähnlich wie in Deutschland und überall – leider!! Es war grauenvoll. Natürlich waren auch unter den Holländern Nazis!

Was passierte dann mit euch in Amsterdam? Ihr hattet ja keine Möglichkeit mehr, ohne Pässe aus Holland rauszukommen?

Wir hatten versucht, durch das amerikanische Generalkonsulat in Rotterdam Papiere zu bekommen. Aber auch unter den Amerikanern waren ja Nazis, zum Beispiel dieser Konsul in Rotterdam, das war ein Nazi – oder ein Geistesgestörter. Er hat uns und andere hingehalten, wir hätten aus Holland wegkommen können und mit uns noch Hunderte, die auch Affidavits hatten wie wir.

Ich fuhr immer nach Rotterdam, denn mein Mann war noch sehr mitgenommen von der Zeit im KZ Sachsenhausen, so hab ich diese Sachen besorgt. Und ich dachte: Dieser Mann in der Botschaft ist geistesgestört, ein schizophrener Typ. Der fragte mich: Warum ist denn Ihr Mann aus der Universität rausgeworfen worden? – Warum? Weil wir Juden sind! – Sagt er: Na, da muß doch noch ein anderer Grund gewesen sein? – und solche Fragen. Er verlangte, daß wir einen Brief nach Berlin schickten, um von der

Universität eine Bestätigung zu bekommen, daß Albert im Rahmen der Gesetzgebung als »Nichtarier« aus der Universität rausgeschmissen worden war. Er wußte natürlich genau, wie schwer das war. Und so hat er viele Leute hingehalten, immer hingehalten, bis es zu spät war und wir verhaftet wurden.
Das hab ich dann nach dem Krieg einem hohen amerikanischen Offizier erzählt. In Aachen war noch Krieg, und diese amerikanischen Offiziere kamen dann ab und zu rüber nach dem befreiten Südholland, um sich für ein paar Tage auszuruhen und dann wieder an die Front zurückzukehren. Und einem dieser Offiziere habe ich alles erzählt. Er hat die Sache untersucht und weitergeleitet. Dieser Beamte soll dann aufgehängt worden sein, in Amerika, als Nazi.

Kurt Singer hat sich nach der Besetzung Hollands durch die Nazis »freiwillig« für einen Transport nach Theresienstadt gemeldet. Warum?
Es gab ein vorübergehendes Gesetz, daß Menschen, die sich um Deutschland verdient gemacht hatten, sogenannte »Prominente«, in ein Extra-Lager kommen sollten, in das »Musterkamp«, nach Theresienstadt. Das waren natürlich alles Lügen, aber Kurt Singer hat daran geglaubt. So ist er nach Theresienstadt gegangen! Er wollte, daß wir auch mitkommen. Die Tochter von Siegfried Ochs, Gertrud Ochs, meine beste Freundin, die mit uns hier in Amsterdam war, ist mitgegangen. Aber wir haben gesagt, wir gehen nicht freiwillig in ein Lager, und wenn es noch so ein feines Lager ist. Ich habe fast auf den Knien gelegen vor Kurt, er soll's nicht tun, aber er hat daran geglaubt. Kurt ist nicht durchgekommen.
Habt ihr noch etwas von ihm aus Theresienstadt gehört?
Er hat noch eine Postkarte als letztes Lebenszeichen hier nach Amsterdam geschickt, am 7. Mai 1943. Da schreibt er: »Es geht mir ordentlich. Ich wohne in Q 410. Bald werde ich bei der Freizeit-Gestaltung musikantisch mitarbeiten. Die Stimmung

ist so zuversichtlich wie bei der letzten Amsterdamer Sonntags-Ansprache.« Und weiter: »Die Post funktioniert ausgezeichnet … Raucher-Katarrh bei gutem Klima verschwunden.«

Wann und wie seid ihr verhaftet worden?
Es blieben in Amsterdam ja nur die Juden übrig, die noch eine »Auszeichnung« hatten oder zu alt waren zur Deportation. Es gab in Amsterdam dann eine Stelle beim »Jüdischen Rat«, die die Juden sortiert hat, und wir kamen erst mit dem letzten Transport weg. Wir waren umgezogen in eine armselige Gegend von Amsterdam, im Bezirk »W Ost«. Da hatten wir eine Wohnung bekommen. Und hatten noch immer die Idee: vielleicht kommen wir durch.
Und von dort sind wir nachts geholt worden, im Mai 1943. Eine Frau aus unserer Nachbarschaft wurde gerettet, das war die Mutter von Grete Weil. Und diese Frau Dispecker, eine Freundin der Familie Thomas Manns, durch die ich den Klaus Mann kennengelernt habe, sie hat die Verhaftungen mit Schlaftabletten überschlafen! Stell dir das vor! Sie wohnte auch in so einem armseligen Haus ganz in unserer Nähe und hatte ein Zimmer unterm Dachboden. Sie hatte ein schweres Schlafmittel genommen, und wie sie morgens aufgewacht ist, war das ganze Haus leer, es war nur noch ein Trümmerhaufen, und sie war ganz alleine.
Wir sind in der Nacht dort aus unserer Wohnung geholt worden. Die einzige Verwandte von Alfred Wolfsohn, die noch lebt, Ruth Mewis, war damals noch hier in Holland, sie hatte davon gehört und ist am nächsten Morgen mit dem Rad hierhergefahren, um zu sehen, ob sie noch irgend etwas findet, aber es lag alles zertrampelt auf der Straße, Briefe und alles, was wir so hatten, war verbrannt, und die wertvollen Sachen hatten sie mitgenommen. Da war nichts mehr da, alles hatten sie kaputt gemacht. Aber das hat ja für uns dann keine Rolle mehr gespielt. Das pure Leben war wichtiger!

Aber da waren auch die Briefe von Charlotte dabei, die sie uns noch aus Frankreich geschrieben hatte, über ihre Heirat mit Alexander Nagler – da hatte sie uns geschrieben, daß sie sich vom Großpapa den alten Frack hatte geben lassen. Das weiß ich noch ganz genau, daß sie in diesem Brief schrieb: »Ihr würdet verwundert sein, wie elegant« – in Anführungsstrichen – »ich war.« Sie wurden ja nur standesamtlich getraut: »Vom Frack von Großpapa habe ich mir ein Kostüm schneidern lassen.«

Was weißt du über Alexander Nagler?

Nagler kam aus Wien. Alexander war der jüngste von vier Brüdern, er war ein sehr lieber Mann. Ich kenne ihn nur aus den Briefen, wir haben ihn ja nie gesehen. Charlotte kannte ihn schon lange, er war auch bei Mrs. Moore untergetaucht. Geheiratet hat sie ihn aber erst, als sie mit »Leben – oder Theater?« fertig war. Zwei seiner Brüder sind erschossen worden, einer ist durchgekommen. Die Frau eines Bruders ist dann mit Charlotte weggekommen nach Auschwitz. Nur eine Schwägerin konnte durchrutschen und konnte sich mit ihrem Kind retten.

Ihr wurdet dann nach Westerbork deportiert, ein Lager, das schon von der holländischen Regierung errichtet worden war und das die Deutschen nach ihrem Einmarsch in Holland als »Durchgangslager« übernommen hatten. Wie habt ihr es geschafft, dort wieder rauszukommen?

Ich habe gleich im Lager einen Posten bekommen als Krankenschwester – ich hatte ja zum Glück in Berlin das Examen als chirurgische Schwester gemacht. Ich habe mir im Lager die Gelbsucht-Baracke ausgesucht, denn da wollte niemand freiwillig hin, und dort habe ich Nachtdienst gemacht. So konnte ich auch in die Männerbaracken gehen.

Ich war durch meine Tätigkeit als Krankenschwester die einzige Verbindung zwischen den Frauen und ihren Männern, die in den Krankenbaracken lagen. Ich habe nachts auswendig gelernt, was ich ihnen am nächsten Morgen ausrichten sollte: daß jemand Aussicht hatte, vielleicht doch wegzukommen, oder daß jemand Nachricht hatte von einem Kind, das woanders im Lager war.

Dann habe ich versucht, Essen rauszuschmuggeln, das wir dann über den Zaun geworfen haben für die Kinder im Lager. Und die Begräbnisse. Wenn ein Mitgefangener umgebracht worden war oder gestorben war im Lager, dann haben wir ihn begraben, ich bin immer mitgegangen, um zu helfen, das Grab zu schaufeln – offiziell.

Es gab dort im Lager ein Kulturprogramm, das von den Häftlingen organisiert und getragen wurde – mit Billigung des Lagerkommandanten Gemmecke, der sich selbst ein perverses Vergnügen daraus gemacht hat, die Aufführungen zu besuchen. Du hast dich daran nicht beteiligt. Warum?

Weil ich wichtigere Aufgaben im Lager hatte. Für die Häftlinge war das alles sicher ganz schön, die Lagerleitung hat es geduldet – und es hat auch einigen Menschen geholfen, obwohl die meisten trotzdem zum Schluß auch in ein Vernichtungslager und damit in den Tod gejagt wurden.

Eigentlich ist es kaum vorstellbar, daß man unter diesen Bedingungen Theater spielen konnte...

Das war in Westerbork meistens Kabarett. In anderen Lagern, zum Beispiel in Theresienstadt, wo Kurt Singer zugrunde gegangen ist, gab es richtige große Aufführungen mit internationalen Künstlern. Bei uns war das mehr in kleinem Stil. Wenn irgend etwas passiert war im Lager, wenn einer probiert hatte zu fliehen, dann wurde das Theaterspielen vorübergehend verboten.

Ich kenne Musiker, die auch in Westerbork waren, zum Beispiel Alexander Ringer, der dich ja auch von Amsterdam her kannte. Er hat erzählt, daß für ihn diese Kulturarbeit im Lager eine ähnliche Bedeutung hatte wie die Arbeit des Jüdischen Kulturbundes vorher: eine Art Überlebenshilfe – und damit ein Stück Widerstand.

Für einen politisch denkenden Menschen ist Widerstand etwas anderes! Ich habe nur politisch gearbeitet und so gar nichts anderes mehr tun können, obwohl sie mich gebeten hatten, bei den Kulturprogrammen mitzuwirken. Es hat ja auch keinen Sinn gehabt.

Konntest du im Lager Verbindung zu deinem Mann aufnehmen?

Ja, durch meine Arbeit in der Krankenbaracke. Es war gleich am dritten Tag: weil er nicht schlafen konnte in der Baracke – er war das nicht gewohnt, drei Mann hoch übereinander – da ist er in der Nacht runtergefallen und hat sich die Rippen gebrochen und lag nun in der Krankenbaracke.

Dann kam der Befehl von Dr. Meyer, dem leitenden deutschen Arzt im Lager. Er verlangte von meinem Mann, die Frauen aus den sogenannten »Mischehen« zu sterilisieren. Es waren nämlich ein paar Frauen durch die Behandlungen der Nazi-Ärzte im Lager gestorben. Wenn man sich das vorstellt: Millionen Menschen sind umgekommen in den Vernichtungslagern, aber »geweint« haben sie um diese Frauen!

Albert weigerte sich, diese Sterilisationen vorzunehmen, und da hat mich dieser Meyer rufen lassen und zu mir gesagt: Sie müssen Ihren Mann beeinflussen. Denn ich habe den Befehl, ihn zu erschießen, wenn er das nicht tut. Hab ich ihm geantwortet: Wir sind bei unserer Verhaftung mit vorgehaltenem Revolver geholt worden, wir müssen wenigstens eine saubere Hose anziehen können, und mein Mann muß seine Instrumente kontrollieren, bevor wir hier operieren. Gut, hat er gesagt, er gibt uns zwei Tage Urlaub nach Amsterdam, damit wir die Instrumente in Ordnung bringen können. Und damit war dann schon ein Weg offen. Wir haben uns gesagt: Besser von hinten erschossen als von vorne!

Und in diesen zwei Tagen seid ihr geflohen?

Wir sind weg auf mühseligen Wegen und mit Hilfe unserer Untergrund-Freunde! Albert wurde sofort weggeschafft. Ich mußte

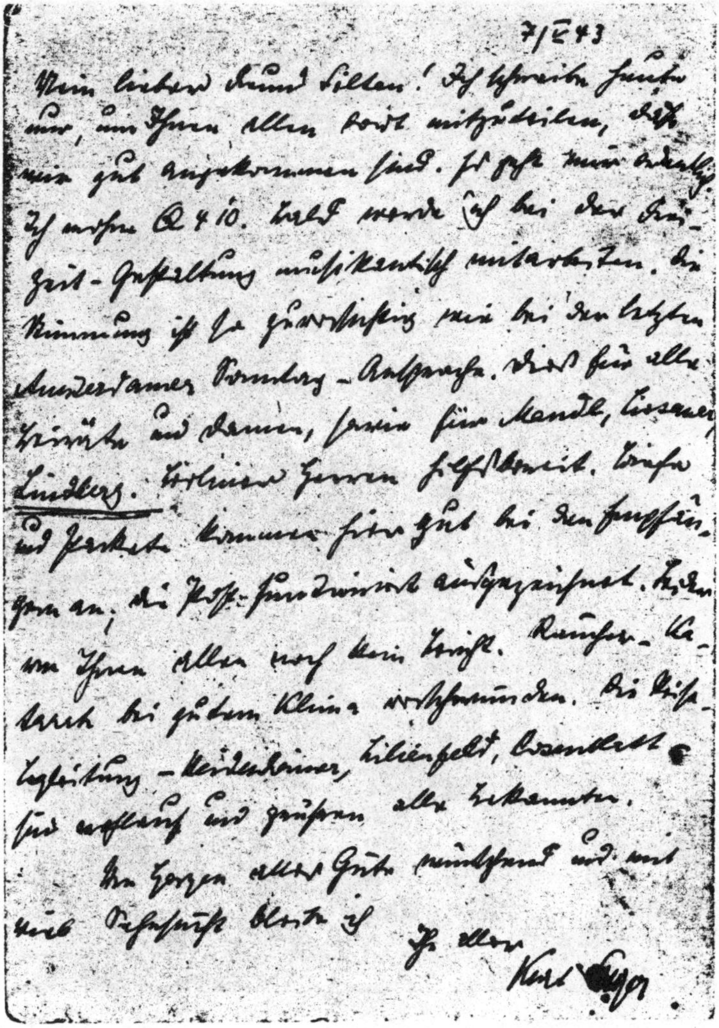

Kurt Singer schreibt aus Theresienstadt
(Siehe das Zitat aus dieser Karte auf Seite 124 f.)

Paula Salomon-Lindberg erzählt von Kurt Singer.
Fotografie von Richard Stern, Amsterdam 1991

erst noch in Amsterdam bleiben, und ich habe einen vertrauten Mann aus der Untergrundbewegung gefragt: Was sollen wir tun, damit nicht fünf Ärzte an die Wand gestellt werden, unsertwegen? Und er hat mir geraten: Geh zu Seyß-Inquart, dem deutschen Oberkommandierenden in Holland, und sieh zu, daß ihr offiziell bei einer höheren Stelle im Lager Westerbork abgemeldet werdet.

Ich habe mich noch ein paar Tage in Amsterdam herumgedrückt und bin dann zu der deutschen Amtsstelle gegangen.

Da sitzt ein Mann am Telefon, und ich sage zu ihm: Ich möchte, daß Sie durchgeben, daß wir in Westerbork abgemeldet sind und uns wieder in Amsterdam angemeldet haben – ich hab so ein bißchen den Nazi-Ton angelegt. – Da fragt er: Wieso müssen die das wissen? – Sag ich: Weil ich für Ordnung bin!

Und da hat er dann dort angerufen, und ich hörte die erstaunte Stimme von Dr. Meyer in Westerbork: »Was?« – aber das hat er extra gemacht und dann gesagt: »In Ordnung, die sind hier abgemeldet!« In all dem Tohuwabohu war doch ein Grad von Ordentlichkeit!

Dann kam eine furchtbare Zeit für uns, wo wir jede Nacht woanders geschlafen haben. Es war eigentlich verboten, bei Leuten aus der Untergrundbewegung unterzutauchen, denn das war zu gefährlich. Aber es war überall voll, und so flüchteten wir Nacht für Nacht woanders hin.

Dann endlich kamen wir heimlich nach Limburg. Da waren wir bei einem Arbeiter versteckt, er war der Leiter der Widerstandsorganisation in Südholland – zugleich ein strenggläubiger Katholik – und arbeitete offiziell in den Kohlenminen. Er sollte einen Schlafplatz für uns suchen und ist nachmittags um fünf weggeradelt, aber er hat nichts gefunden. Da hat er gesagt: Die heilige Maria hat euch geschickt – also bleibt ihr hier bei mir! Diese führenden Leute der Widerstandsorganisation durften eigentlich keine Untergetauchten verstecken, weil das noch

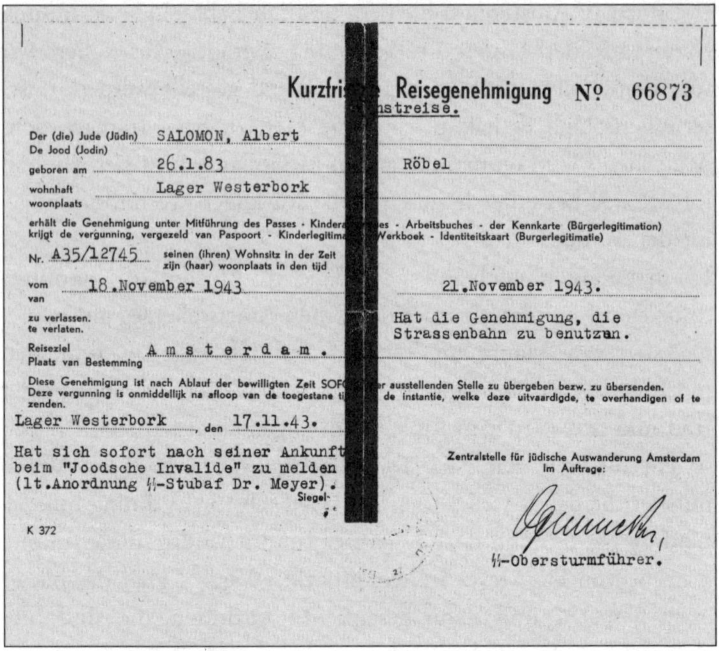

Kurzfri[redacted] Reisegenehmigung Nº 66873
[redacted]nstreise.

Der (die) Jude (Jüdin) SALOMON, Albert
De Jood (Jodin)
geboren am 26.1.83 [redacted] Röbel
wohnhaft Lager Westerbork
woonplaats

erhält die Genehmigung unter Mitführung des Passes - Kinder[redacted]es - Arbeitsbuches - der Kennkarte (Bürgerlegitimation)
krijgt de vergunning, vergezeld van Paspoort - Kinderlegitim[redacted]Werkboek - Identiteitskaart (Burgerlegitimatie)

Nr. A35/12745 seinen (ihren) Wohnsitz in der Zeit
zijn (haar) woonplaats in den tijd

vom / van 18.November 1943 [redacted] 21.November 1943.

zu verlassen.
te verlaten.

Hat die Genehmigung, die Strassenbahn zu benutzen.

Reiseziel / Plaats van Bestemming A m s t e r d a m .

Diese Genehmigung ist nach Ablauf der bewilligten Zeit SOF[redacted]r ausstellenden Stelle zu übergeben bezw. zu übersenden.
Deze vergunning is onmiddellijk na afloop van de toegestane ti[redacted] de instantie, welke deze uitvaardigde, te overhandigen of te zenden.

Lager Westerbork, den 17.11.43.

Hat sich sofort nach seiner Ankunft [redacted]
beim "Joodsche Invalide" zu melden [redacted]
(lt.Anordnung SS-Stubaf Dr. Meyer). Siegel-

Zentralstelle für jüdische Auswanderung Amsterdam
Im Auftrage:

SS-Obersturmführer.

K 372

fährlicher für sie war. Er ist zur Tarnung manche Nacht mit den Deutschen herumgezogen und hat mit ihnen deutsche Lieder gesungen. Ich habe die ganze Zeit über nachts in der Badewanne geschlafen, und unter mir waren die Gewehre versteckt, da war nur so ein dünnes Deckbett drübergelegt! Daß man das aushalten kann!

Wenn dort eine Haussuchung gewesen wäre, hätten sie uns alle standrechtlich erschossen. Wir wären vielleicht alle noch aufgeflogen, wenn der Krieg vier Wochen länger gedauert hätte.

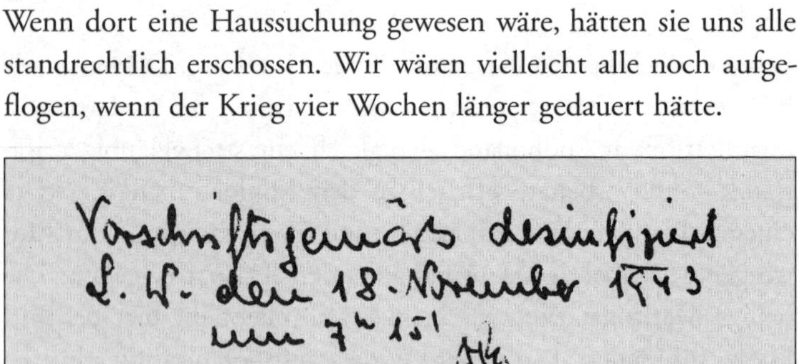

Vorschriftsgemäß desinfiziert
L. W. den 18. November 1943
um 7h 15'

Nach der Befreiung hab ich dann den alliierten Militärs erzählt von Dr. Meyer aus dem Lager in Westerbork, daß er kein so böser Mann war, sondern uns geholfen hatte. Es war für uns doch ein sehr schönes Gefühl, ihm das Leben zu retten, denn ich habe was für diesen Mann übrig gehabt. Es waren ja viele, die wie er gezwungen worden sind mitzumachen. Er ist dann aus der Kriegsgefangenschaft wieder nach Amsterdam zurückgekommen und hat hier eine Praxis aufgemacht. Wir haben ihm dabei geholfen, zusammen mit anderen früheren Gefangenen aus Westerbork.

Wir waren ungefähr ein dreiviertel Jahr versteckt. Wir beide waren nach unserer Flucht aus Westerbork mit Fotos in den Gestapo-Zeitungen gesucht worden! Und 1945 gehörten wir zu den ersten, die von dort wieder nach Amsterdam zurückfuhren, auf Leiterwagen, ohne einen Pfennig Geld, ohne Kleider, ohne alles.

Wir waren ja im Süden früher befreit als hier in Amsterdam, ungefähr drei oder vier Monate früher. Es waren viele amerikanische Soldaten hier, und dann bin ich mit dem Jeep herumgefahren, und habe für die Leute gesungen. Wir sind dann noch bis zur endgültigen Befreiung dort geblieben, und dann sind wir mit den ersten Kohletransporten zurück nach Amsterdam gefahren.

Ein amerikanischer Professor kam in dieser Zeit oft zu uns, weil er sich mit uns unterhalten konnte. Dem haben wir die ganze Geschichte mit Charlotte erzählt. Da war Amsterdam noch nicht befreit, aber er ist dann mit dem Militärauto nach Nizza gefahren, kam zurück und hat uns die Nachricht gebracht, daß auch Charlotte in Auschwitz ermordet worden ist. So wußten wir das Schreckliche, bevor wir die offizielle Nachricht vom Roten Kreuz bekamen – das war eine schauerliche Zeit. Denn man erfuhr so nach und nach, daß auch von den Freunden so viele nicht mehr lebten.

Wir hatten ja noch immer unsere Affidavits für Amerika, ich hatte meine Berufung von Bodanzky an die Metropolitan Opera, wir hatten die Einladung von Thomas Mann. Hätte Charlotte noch gelebt, hätten wir das vielleicht wahrgemacht und wären mit ihr nach Amerika gegangen, aber das hatte ja nun keinen Sinn mehr.

Als erster hat uns dann Thomas Mann hier nach Kriegsende besucht. Eine gute Freundin von Manns, Frau Dispecker, hatte ja hier gelebt, und er kam aus Amerika, im August 1947, um sich nach ihr zu erkundigen. Sie war auch im KZ umgekommen. Und da war er dann öfter hier bei uns.

Woher kannten wir ihn eigentlich? Wir waren früher mit den beiden Brüdern von Katja Mann, den Pringsheims, befreundet, ein Bruder war Kritiker und Musikschriftsteller, er ist auch ums Leben gekommen, obwohl er zunächst geschützt war, weil er mit einer christlichen Frau verheiratet war. Mit dem anderen Bruder hatte ich ja in Berlin viel zusammen gesungen, er ist nach Japan emigriert und hat dort großen Erfolg gehabt. Und Thomas Mann selbst war in Princeton mit dem Neffen von meinem Mann zusammen an der Universität. Später kam er hier nach Nordwyk ans Meer, da haben wir ihn öfter besucht.

Klaus Mann, kanntest du den auch?

Klaus Mann war ja auch hier nach Amsterdam emigriert, mit ihm hatten wir freundschaftlichen Kontakt, er war außerdem Patient meines Mannes. Er lebte in einer

Thomas Mann
Zeichnung von B. F. Dolbin

Pension hier in der Nähe unserer jetzigen Wohnung und war oft bei der alten Freundin seiner Eltern, die auch uns sehr nahe stand. Er war befreundet mit dem Verleger Landshoff, den wir auch sehr gut kannten.

Albert hat ihn dann operiert, an einer bösen Verwundung seiner Hand. Er hatte bei uns angerufen, er wollte verreisen, mein Mann sollte sich das nochmal ansehen. Albert hat ihm dann noch einen richtigen Verband für die Reise gemacht – drei Tage später hat er sich umgebracht.

Klaus Mann ist an seiner Homosexualität zugrunde gegangen, glaube ich. Er war ein bezaubernder Mensch, ein ganz lieber und reizender Mensch. Er hatte so etwas Offenes, Kindliches, man mußte ihn gleich liebhaben. So ganz ehrlich: Zwei mal zwei ist vier – wir sind raffinierter und sagen manchmal: Zwei mal zwei ist fünf – in Gottes Namen! Er hatte etwas Verträumtes, oder eigentlich keine Verträumtheit, sondern er paßte nicht in den Alltag herein, das war sein Charme und sein Untergang.

Hast du nach dem Krieg jemanden von deinen Peinigern aus dem Konzentrationslager wieder gesehen?

Von all diesen Menschen aus der Zeit, in der wir im Konzentrationslager in Westerbork waren, kenne ich eigentlich nur zwei, die wie wir durchgekommen sind. Eine davon war die zweite Frau von Otto Frank, dem Vater von Anne Frank. Sie war dann mit mir zusammen als Zeugin zu einigen Prozessen gegen diese Missetäter hier in Holland geladen.

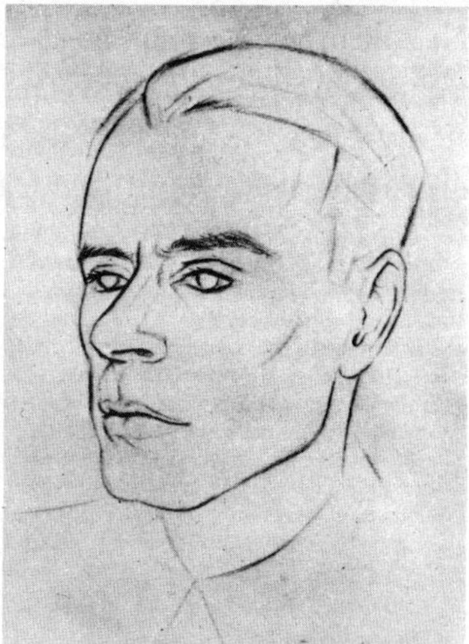

Klaus Mann
Zeichnung von Eva Herrmann

Unter anderem waren wir bei dem Prozeß gegen die furchtbare Leiterin der Frauen-Abteilung von Westerbork, die die Menschen aus einer psychischen Gestörtheit heraus, unglaublich geplagt und geschunden hat. Wer ihr unsympathisch war, den hat sie geschlagen, sie hat den Häftlingen das wenige Essen, das es gab … jeder von uns hatte einen kleinen Blechnapf am Handgelenk festgebunden – und wenn das Essen verteilt wurde, hat sie es ihnen aus Bosheit aus der Hand geschlagen.

Diese Kommandantin des Frauenlagers in Westerbork gehörte zu den ersten, denen nach dem Krieg hier in Holland der Prozeß gemacht wurde. Frau Frank und ich, wir beide waren die einzigen Zeuginnen. Und als wir in den Gerichtssaal gerufen wurden, bekam Frau Frank einen Schreikrampf und konnte nicht aussagen. So war ich alleine dort, um in der Öffentlichkeit von ihren Missetaten zu sprechen, die dann zu ihrem gerechten Tode geführt haben.

Hast du jemanden von deinen Freunden aus der Illegalität nach dem Krieg wiedergetroffen?

Natürlich, auch wenn sie ja jetzt sehr weit entfernt von mir wohnen. An meinem 90. Geburtstag kamen sie noch nach Amsterdam, wo wir, der Rest der noch Lebenden, uns heulend in die Arme fielen. Das ist das »C'est la vie!«-Leben …

Paula Salomon-Lindberg, 1985 in Amsterdam.
Fotografie von Achim Roscher

Ihr seid nach der Befreiung in Amsterdam geblieben und nicht nach Deutschland zurückgekehrt. Wovon habt ihr gelebt?
Wir haben sofort nach Kriegsende von der Amsterdamer Universität ein Darlehen bekommen, damit mein Mann hier noch ein holländisches Ärzte-Examen machen konnte, um sich als Arzt niederlassen zu dürfen. Ich habe angefangen, am Konservatorium zu unterrichten, davon konnten wir existieren.
Ich habe dann unter anderem mit drei anderen Kollegen ein Vocal-Quartett hier am Konservatorium gegründet. Damals fuhren ja noch wenige Eisenbahnzüge, und viele Studenten kamen darum oft zu spät zum Unterricht, wir Lehrer saßen im Kaffeeraum und mußten warten, und da hab ich gesagt: Dann können wir doch lieber ein bißchen musizieren! Und so haben wir ein Vocal-Quartett gegründet mit vier Gesanglehrern von der Schule und einem Komponisten und Pianisten. Wir waren sehr gefragt für Oratorien-Aufführungen.
Wir haben besonders im Süden des Landes gesungen, da mußte man noch mit einem Boot hinfahren, denn es fehlten überall die Brücken, alles war kaputt. So kamen wir auch wieder nach Limburg. Wir waren zu einem Kirchenkonzert eingeladen, der Pfarrer war orthodox fromm, pietistisch, da haben wir in einer Aufführung der Matthäus-Passion oder der Johannes-Passion von Johann Sebastian Bach gesungen.
Es war damals, unmittelbar nach dem Krieg, in Holland noch verboten, das auf deutsch zu singen, also mußten wir holländisch singen. Und meine Freunde haben gesagt: Ach, das schreiben wir uns gar nicht erst auf, das wird doch bald wieder in deutsch gesungen, das übersetzen wir einfach beim Singen –

das waren ja Holländer. Aber ich konnte noch nicht so gut holländisch, deshalb hab ich mir das aufgeschrieben und unter die Noten geklebt – sicher ist sicher!

Und stell dir vor, es war ja nun ziemlich dunkel in der Kirche, die anderen konnten überhaupt nichts mehr lesen, nur ich, als Nicht-Holländerin, hatte meine weißen Zettel drübergeklebt und konnte den Text korrekt singen. Die anderen haben sich das so zurechtgefummelt. Und dann fing das Konzert damit an, daß dieser Pfarrer erst ein Gebet zum Lieben Gott gesandt hat, so ungefähr mit dem Tenor: Das ist zu Deinem Lob, hilf uns also, daß es schön wird. Diese Pietisten! Und wie das Konzert dann vorbei war, hat er wieder dem Lieben Gott gedankt! Und dann wurden wir zum Essen eingeladen, da hatten wir schon sehr darauf gerechnet, denn wir waren ja alle noch sehr verhungert. Und saßen nun zusammen mit dem Pfarrer am Tisch – und jetzt kommt die Geschichte, die ich dir erzählen wollte: der Pfarrer hielt eine Rede, wie wunderbar es war und wie herrlich und wie wunderschön der Chor gesungen hätte, und die Solisten wären so großartig gewesen, einzigartig, und er würde doch sicher niemanden kränken, wenn er sagte: *Das wahre Christentum ging doch von der Altistin aus!* – wörtlich die gleiche Geschichte wie bei einem meiner letzten Konzerte vor 1933!

Neben mir saß ein alter Freund, der hat einen Hustenanfall gekriegt und ist rausgegangen, der konnte sich nicht mehr halten vor Lachen.

Ihr seid dann nach dem Krieg in Villefranche in Südfrankreich bei Mrs. Moore gewesen, wo Charlotte mit den Großeltern gewohnt hatte. Wie habt ihr Mrs. Moore gefunden?

Sie war Amerikanerin und lebte schon seit Jahren in Villefranche. Zuerst hatte sie manchen deutschen Emigranten geholfen, wie ja auch den Großeltern und Charlotte, die sie in ihr Haus aufgenommen hatte. Aber später, als die deutschen Truppen kamen, hat sie mit denen verkehrt. Als wir in Villefranche angekommen waren und zu ihr hinfahren wollten, hat der Portier im Hotel uns gewarnt: Ich glaube nicht, daß ein Chauffeur Sie bis zu diesem Haus fährt. Weil alle im Ort sie als Kollaborateurin abgelehnt haben. Und so war es auch. Der Taxifahrer sagte nur: Ich zeige Ihnen, wie Sie laufen müssen. Sie hat in Villefranche kaum noch etwas zum Essen bekommen, denn niemand wollte sie mehr beliefern.

Was habt ihr dort noch von Charlottes Bildern vorgefunden?

Das ganze Haus war ja voll mit Bildern, die Charlotte gemalt hatte, Portraits von Mrs. Moore's Tochter, denn Lotte hing sehr an diesem Kind, und das Kind an ihr. Dann waren da sehr viele schöne Landschaftsbilder, Blumen, unendlich viele Blumen, die sie gemalt hatte. Das hatte sie alles in Kisten und Koffer gepackt.

Charlotte hatte auf alle Kisten »Eigentum von Mrs. Moore« geschrieben, weil die ja Amerikanerin war und Charlotte geglaubt hatte, daß ihre Bilder dadurch vor den Deutschen geschützt wären.

Als wir das alles gesehen hatten, habe ich Mrs. Moore gesagt, daß die Bilder eigentlich uns gehören, und daß sie uns etwas von Charlotte geben soll. Da hat sie herumgeschaut und gesagt: Das könnt ihr haben, das interessiert mich nicht! Das waren in Packpapier eingewickelte Pakete mit einer Schnur drum, die hat sie hereingeschleppt und aufgerissen, wir durften nichts anfassen. Darin waren über 1300 Blätter mit Zeichnungen, eingepackt in drei oder vier Paketen, die waren noch genauso, wie Charlotte sie verpackt hatte, mit einer Schnur drum und mit dieser Aufschrift: »Eigentum von Mrs. Moore«, so hatte Charlotte das zu Dr. Moridis, dem Arzt in Villefranche, gebracht, bevor sie nach Auschwitz auf Transport ging.

Mrs. Moore hat die Pakete vor unseren Augen aufgemacht, und all die schönen Zeichnungen, die Charlotte von ihrer Tochter gemacht hatte – das war ja eigentlich ihr einziges Modell – die

hat sie alle zerrissen. Das waren ungefähr 240 Blätter aus »Leben – oder Theater?«, wir haben das nachher hier im Museum gezählt. Sie hat diese Blätter vor unseren Augen zerrissen – es war ja ihr »Eigentum«!! Alles andere konnten wir haben. Das haben wir nach Amsterdam mitgenommen.
Dann gab es noch ungefähr zehn Selbstportraits von Charlotte. Und da hat Mrs. Moore gesagt, eins von den Portraits darf ich haben. Es gab ein größeres mit lauter Sonnenblumen, das ich sehr gerne mochte, aber mein Mann wollte dieses hier haben – das war kleiner, das hat sie uns lieber abgegeben! Die anderen hat sie alle behalten. Als wir dort waren, haben wir ihr gesagt, die Stadt Amsterdam würde ihr zehn Bilder für das Museum abkaufen. Und da sagte sie: Nein, ich gebe nicht ein einziges her. In Amerika werde ich damit viel Geld verdienen!
Wir haben dann bei ihrer Tochter in Amerika nachgeforscht, aber auch sie hatte nicht ein Bild von der Mutter bekommen. Seither sind alle diese Bilder, die Charlotte gemalt hatte und die im Haus von Mrs. Moore hingen, verschwunden – bis heute. Aber vielleicht erlebst du es ja noch, daß einige dieser Bilder wieder auftauchen.
Ihr habt »Leben – oder Theater?« erst nach Charlottes Tod gesehen. Wußtet ihr, daß sie daran gearbeitet hatte? Hat sie euch darüber geschrieben?
Wir hatten ja noch über die Schweiz mit ihr korrespondiert, da wohnte ein Onkel von mir, dessen Frau war Schweizerin, und über diese Adresse hat Charlotte uns geschrieben. Sie hatte dort in Südfrankreich erst erfahren, daß ihre Mutter Selbstmord gemacht hatte. Sie hatte davon nichts gewußt, denn die Großeltern und der Vater haben ihr, dem Kind, gesagt, sie wäre an einer schweren Grippe gestorben. Dann hat sich die Großmama vor ihren Augen das Leben genommen, und sie blieb mit dem alten Großpapa alleine zurück. Sie hat uns Briefe darüber geschrieben, sechs oder acht Seiten lang, sie hat ja sehr viel geschrieben, diese Briefe sind alle beim Überfall der Deutschen

auf Holland verlorengegangen. Da schrieb sie schon, daß sie diese Geschichte zeichnen wollte. Die Briefe waren etwas verworren, sie schrieb, daß sie sich befreien müßte von einer Last, daß sie deshalb ihr ganzes Leben aufschreiben will, malen will, es ging mehr ums Malen. Und am Schluß schrieb sie: »Vielleicht wird es gar nichts« – sie hat sich immer klein gemacht mit ihrer Arbeit.

Die Pakete mit den über 1000 Blättern von »Leben – oder Theater?« haben wir mit nach Amsterdam genommen. Erst haben wir sie uns hier zu Hause selbst angeschaut, und dann haben wir uns mit unserem Freund Willem Sandberg, dem Direktor des Stedelijk Museum, in Verbindung gesetzt. Er war sehr davon beeindruckt und hat gesagt: Ich möchte gerne damit eine Ausstellung machen. So kam diese erste Ausstellung im Stedelijk Museum zustande, Sandberg hat das organisiert, und sein Assistent Ad Petersen hat die Bilder mit uns zusammengestellt. Wir haben diese Pakete dann hier im Museum zusammen mit Ad Petersen ausgepackt und erst einmal sortiert – die waren ja von Mrs. Moore alle durcheinander gebracht, sie hatte alles, was über sie dargestellt war, herausgestohlen. Wir haben die Blätter auf dem Boden ausgebreitet und versuchten, sie in die richtige Reihenfolge zu bringen, denn wir konnten uns das alles schwer vorstellen.

Wie war das für euch, diese Bilder zu sehen, in denen sie ihre und auch eure Geschichte dargestellt hat?

Wir waren tief erschüttert! »Leben – oder Theater?« ist aus der Not heraus entstanden, aus dem Elend, der Einsamkeit und Verlorenheit. Wenn die Zeiten normal gewesen wären, hätte sie wohl auch gezeichnet, aber sicherlich anderes. Sie war alleine, sie war verzweifelt, enttäuscht, Malen war das einzige, was sie hatte.

Sie hat früher auch oft gemalt, so wie jeder junge Mensch das macht, kleine Bilder oder Karten zum Geburtstag, mit Herzen und Blumen drauf – aber dies ist etwas anderes, das kommt aus

der Not, aus der Verzweiflung, sie war einsam, ohne Hoffnung, ohne Geld, ohne Essen, ohne alles!
Sie ist in die Vergangenheit zurückgegangen, weil die Gegenwart zu schrecklich war. Sie konnte nicht vorausgehen in die Zukunft: Was wird sein? – Um weg zu sein vom Heute, ist sie in das Gestern geflohen.
Wie siehst du dich selbst dargestellt auf Charlottes Bildern? Wenn ich die Bilder ansehe und dich heute erlebe, so sehe ich immer noch eine ungeheure Ähnlichkeit in ihrer Darstellung...
... und ich finde mich selten ähnlich, weil man sich selbst natürlich ganz anders sieht. Sie hat auch mich so gemalt, wie sie alles dargestellt hat: so wie sie es im Moment erlebt hat, wie sie es im Moment gefühlt hat, sie wollte den Augenblick festhalten. Ich muß immer wieder betonen, wie wichtig diese Überschrift ist: »Leben – oder Theater?« Nicht nur das Fragezeichen ist wichtig, sondern auch der Gedankenstrich: »Leben«, und dann kommt ein Gedankenstrich, »oder Theater?« – beides ist wichtig. Denn das hat eine ganz andere Bedeutung, als wenn ich sage »Leben oder Theater« – dann ist das ein interessanter Vergleich, aber in ihrer Schreibweise kommt ihre ganze Unsicherheit und Traurigkeit zum Ausdruck: Dies ist mein Leben – oder habe ich es mir doch nur eingebildet? Das ist die grobe Übersetzung. Und ich begreife nicht, warum so viele, auch die Museumsleute, das nicht verstehen wollen.
Theater heißt: *Wie du es siehst! Wie ich es sehe!* Die Idee ist die Wahrheit, die Reaktion darauf ist die Wahrheit, aber in das Wiedererzählen mischt sich schon etwas mehr oder weniger Dichterisches hinein, das Märchen: Ist es nun wirklich so, oder möchte ich es nur so sehen können? Sieh mal, wenn du etwas erzählst, eine Geschichte, als du sechs Jahre alt warst, so wahrheitsgetreu du auch sein möchtest, änderst du doch die Farben, wenn du es erzählst, denn in der Zwischenzeit siehst du das anders, als du es damals gesehen hast, in einem anderen Jahrzehnt deiner Entwicklung. Denn man bleibt doch nicht stehen, man

entwickelt sich weiter, selbst ich, ich bin so alt wie Methusalem, aber ich sehe auch oft Dinge ganz anders, als ich sie vor zwei Jahren gesehen habe oder vor drei oder vier Jahren. Und habe eine Passion für etwas, für das ich vor zehn Jahren nie eine entwickelt hätte!

Das meint sie mit dem Titel, das finde ich so grandios darin ausgedrückt. Daß ein so junger Mensch, der doch nichts mehr lernen durfte, diese Überschrift gefunden hat, das hat mich immer wieder erschüttert.

Ein Beispiel dafür gibt es ja in »Leben – oder Theater?« selbst: Ich meine die Geschichte mit der ersten Zeichenlehrerin, die auf Charlottes Blatt immer wieder den gezeichneten Kaktus ausradiert, weil die Zahl der Blätter nicht mit dem Modell übereinstimmt. Und in der Ironie, mit der Charlotte diesen Vorgang darstellt, wird deutlich, daß sie eben eine ganz andere Auffassung davon hat, wie sie etwas darstellen will und daß es ihr völlig egal ist, wie viele Blätter der Kaktus wirklich hat.

Sie hatte Lust zu sagen: Zwei mal zwei ist fünf – Punkt!

Habt ihr denn, außer »Leben – oder Theater?« von Mrs. Moore, noch woanders her Bilder von Charlotte bekommen?

Ich habe hier noch ein kleines Bildchen von Lotte, das hat auch eine Geschichte für sich: Emil Strauss, der dann später für das erste Charlotte-Buch die Einleitung geschrieben hat, war ein Schüler meines Vaters in Frankenthal. Eines Tages hat Lotte uns geschrieben, das war noch in der Zeit, bevor die Deutschen nach Holland kamen, und Lotte schrieb uns über Vorträge in Nizza, die von deutschen Emigranten gehalten wurden. Zu diesen Vorträgen ist sie oft mit dem Großpapa hingefahren. Nach einem dieser Vorträge hat der Großpapa den Redner angesprochen, Lotte war dabei – und da stellte sich heraus, daß er mich kannte. Das war Emil Strauss! Er kam dann oft zu ihnen zu Besuch, und Lotte hat noch sehr viel Kontakt mit ihm gehabt. Einmal, wie sie dort eingeladen war, das war noch vor der Besetzung Südfrankreichs, da hat sie anstatt Blumen dieses kleine

Bildchen mitgebracht. Und nach dem Krieg wurde Emil Strauss Kulturminister in Saarbrücken, er hat uns hier besucht und mir dieses Bild geschenkt.

Zurück zu deiner Geschichte: Wie bist du dann nach Salzburg ans »Mozarteum« gekommen? Wie kam es zu deiner Berufung?

Das kam zustande durch Eberhard Preußner, den ich ja noch von der Berliner Musikhochschule kannte, der Freund von Paul Hindemith, der früh aus Deutschland rausgekommen ist, und durch den Dirigenten Bernhard Paumgartner. Die beiden haben mich durch das Rote Kreuz suchen lassen, denn eine der Professorinnen am Mozarteum war gestorben, und man suchte jemanden für den Sprechunterricht, weil gerade Preußner und Paumgartner auf die Pflege des Wortes im Lied Wert legten.

Ich bin mit meinem Mann nach Salzburg gefahren – in geliehenen Kleidern, wir hatten ja alles verloren. Es war ein tolles Erlebnis. Ich habe diese Arbeit nicht als vollgültige Professur annehmen können, weil wir uns, nachdem wir von Charlottes Tod wußten, entschieden hatten, in Holland zu bleiben. Aber ich habe beglückt in Salzburg die Meisterkurse zu den Festspielen übernommen. Diese Kurse in Sprechtechnik habe ich dann jedes Jahr während der »Sommerakademie« des Mozarteums in Salzburg gemacht, das ging immer über mehrere Wochen. Das Schönste daran war, daß man nun nach den schlimmen Zeiten, nach diesem schrecklichen und verlogenen Krieg, wieder etwas aufbauen konnte. Salzburg – das war meine »Wiedergutmachung«, mein erster großer Glückstag!

Ich habe hauptsächlich mit Ernst Reichert zusammengearbeitet, er hatte die Lied-Klasse: es war eine wunderbare Zusammenarbeit. Er hat das Wort, den Respekt des Liedersängers vor dem Inhalt, so sehr ästimiert und in den Schülern geweckt! Heute zählt leider die Stimmgröße und -kraft mehr.

Wie sah dein Unterricht aus?

Das Wichtigste war mir, daß losgelöst vom Lied erst das Gedicht analysiert wird, daß man zunächst einfach das Gedicht

Paula und Albert Salomon in Salzburg

Paula Salomon-Lindberg, 1977

aus dem Buch vorgelesen hat und ganz ausgearbeitet hat, als wäre man ein Schauspieler, und erst danach gesehen hat: Was hat, um nur ein Beispiel zu nehmen, Schubert daraus gemacht? Um dann aber auch zu sehen: Wieso hat er da eine strahlende Linie gemacht? Dann probiere ich, das im Wort auch so zu interpretieren. Es ging eigentlich darum, den Kompositionsprozeß nachzuvollziehen: Wie hat der Komponist das Gedicht empfunden? Was hat ihn inspiriert zu seiner Musik? Da kam oft dabei heraus, daß man eine Linie, die man mit einem Crescendo nach oben gesungen hätte, wenn gar keine Worte daruntergestanden hätten, in Verbindung mit dem Wort so nicht interpretieren konnte! Dann hat man es anders probiert und gemerkt: so wollte der Komponist das auch. Und dabei haben wir vielleicht gemerkt, daß man ein Lied ganz falsch verstanden hatte. Es wäre auch auf diese Weise lebendig geworden, aber Schubert oder Mahler oder wer auch immer haben es anders empfunden. Also muß ich es auf diese Weise gestalten.
Es muß vor allem ein Extra-Unterricht in Sprech-Technik für Sänger eingerichtet werden, so wie ich das gemacht habe. Damit die Sänger lernen, daß bei jedem Lied, jeder Arie, jeder Rolle, die sie neu studieren, der Text zuerst da war! Wäre die Musik zuerst da gewesen, müßte man von dieser Seite beginnen, aber der Text war ja zuerst da. Es muß nachgeformt werden, wie hat der Komponist den Text verstanden? Warum hat der Text ihn so animiert, daß er darauf ein Lied oder eine Arie komponiert hat und nicht umgekehrt: Ach die Melodie ist ja so schön! und dann erst sehen, daß da auch Worte drunterstehen!

Nach Salzburg kamen ja nur die wirklich begabten jungen Menschen – begabt auf allen Instrumenten und mit den Stimmbändern! Ich erinnere mich an Daniel Barenboim, der als Junge auf diese von Paumgartner eingerichtete Schule für hochbegabte Kinder gegangen ist. In dieser Schule wurde der »normale« Unterricht in gedrängter Form absolviert, damit diese

Kinder in der Hauptsache den Tag mit Unterrichtsstunden in ihrem speziellen Musikfach verbringen konnten. Da ging auch Daniel Barenboim als kleiner Junge schon hin, zusammen mit einem anderen jungen Mann, einem österreichischen Pianisten. Ich habe die beiden fast jeden Morgen gesehen, wenn sie in die Schule gegangen sind, und ich mich noch ein bißchen im Garten, der zwischen dem Hotel und dem Mozarteum lag, auf eine Bank gesetzt hatte – das waren die einzigen Minuten, die ich am Tage hatte, um frische Luft zu schnappen. Der Garten war morgens um 8 Uhr noch ganz menschenleer. Dann kamen die beiden Kinder an auf dem Weg von ihrer Pension zum Unterricht, sie waren damals so sieben oder acht Jahre alt – vielleicht auch schon zehn? Um auf sich aufmerksam zu machen, tänzelten sie dann herum, ein bißchen weiter weg, aber doch so nah, daß ich sie nicht übersehen konnte, bis ich ihnen zuwinkte. Sie wußten, daß sie dann von mir ihr Stückchen Schokolade bekommen würden! Und dann hüpften sie in ihren kurzen Hosen und Sandalen weiter zu ihrem Unterricht.

Du hast nach dem Krieg nur einmal in Deutschland gesungen: mit Leonard Bernstein. Hast du ihn auch in Salzburg kennengelernt?

Nein, ich habe ihn hier in Amsterdam kennengelernt und ihn dann in Salzburg wiedergetroffen. Als die allererste Ausstellung von Charlottes »Leben – oder Theater?« 1966 in Bonn war, hat er ein Konzert dirigiert, anläßlich eines deutschen Gedenktages – das hat mich damals sehr mitgenommen.

Leonard Bernstein
Zeichnung von B. F. Dolbin

Es war ein großes Erlebnis. Aber es war eine furchtbare Zeit für mich, denn da habe ich noch solche Rachegefühle gehabt, da war ich noch so bösartig.

Wen von deinen Musikerkollegen aus der Zeit in Deutschland vor 1933 hast du nach dem Krieg wiedergetroffen, und zu wem sind Beziehungen erhalten geblieben?

Otto Klemperer und Heinz Tietjen habe ich wiedergetroffen, meinen Freund Hans-Joachim Vetter und Ernst Toch. Eberhard Preußner, der Direktor des Mozarteums, war nach dem Krieg die wichtigste und kostbarste Begegnung für mich!

Hast Du nach dem Krieg Kollegen wiedergetroffen, die nicht emigriert waren? Wie war dein Verhältnis zu ihnen?

Meine christlichen Kollegen sind ja fast alle dageblieben. Wenn man wußte, sie waren anti Hitler gewesen, war man dankbar und glücklich. Denen gegenüber, von denen man das nicht wußte, war man eher vorsichtig. Und von denen man wußte, daß sie Nazis waren, denen hat man den Rücken zugedreht. Das ist doch selbstverständlich.

War das ein Grund für dich, nicht nach Deutschland zurückzugehen? Wie ist dein Verhältnis heute zu Deutschland?

Das war furchtbar. Wir wollten zuerst nichts mehr mit Deutschland zu tun haben: Wir waren Deutsche, liebend und verwurzelt und darum zutiefst geschockt. Wir haben zuerst alles abgelehnt, die Einladungen nach Berlin, die sogenannte Wiedergutmachung – weil wir Deutschland zu sehr geliebt hatten, wir waren damals eben zu sehr gekränkt.

Albert und ich sollten in den Fünfziger Jahren diesen Orden »Pour le mérite« bekommen. Und wir haben drei Tage an einem Brief gearbeitet, um das abzulehnen und zu sagen, warum wir nichts mehr damit zu tun haben wollten. Damals dachte ich ja, daß ich niemals wieder in Deutschland auch nur einen Atemzug machen würde. Ich erinnere mich noch, wie wir da saßen, an diesem Brief, und unsere Wut aus uns herausgeholt haben.

Heute würde man das anders sehen. Ich sehe eben jetzt nicht mehr Deutschland, sondern ich sehe den einzelnen Menschen. Wenn ich heute höre: Das war wahrscheinlich ein Nazi, dann habe ich Mitleid. Aber zuerst war man natürlich zu verzweifelt über alle diejenigen, die umgebracht worden waren, nicht nur unsere Tochter Charlotte, auch alle meine Verwandten, die besten Freunde – man hat ja zuerst nur danach gesucht: wer hat überlebt? Wer ist tot? Es schien alles hoffnungslos.

Hast du so etwas wie Haß empfunden gegenüber der Mehrheit der damaligen Deutschen, die mitgemacht oder zumindest zugelassen haben, was euch und anderen angetan wurde?

Ich habe gar nicht mal an mich gedacht, ich hatte ja überlebt. Wir haben auch sehr viel gelitten, aber das hat man vergessen in dem Moment, wo man an die gedacht hat, die tot waren. Heute sage ich nicht »die Deutschen«, sondern ich sage »Frau Meyer« und »Herr Schmidt«. Aber auch damals habe ich eher Mitleid, Unverständnis und Furcht gehabt, daß sie sich haben blenden und verführen lassen. Wie ist es möglich? Wenn man jemanden getroffen hat und hörte: das ist ein Deutscher – dann hat man natürlich zuerst gedacht: Wer ist er? Wo war er? Was hat er getan und gedacht?

Heute ist das ganz anders, heute bin ich froh, mit jungen Menschen sprechen zu können, es ist eine andere Generation, auch wenn es die Kinder von Nazis sind, man muß gerade mit ihnen sprechen, damit sie heute nicht wieder darauf hereinfallen. Man dachte doch damals auch nicht, daß die Deutschen darauf hereinfallen könnten. Das war dumm und falsch: in Frankreich haben sie zu ihm gehalten, der Papst hat zu ihm gehalten, der »Herr Meyer« hat zu Hitler gehalten – und das Übel blühte weiter!

Die Verführung hat so viel Kraft und hat so viele schöne, blendende Farben, auf die der Mensch seine Augen nicht eingestellt hat, damit er sie durchschauen könnte. Wir alle haben uns ja auch täuschen lassen, genau so.

Es kann morgen genau wieder in einer anderen Farbe das gleiche sein, was uns umschlägt. Da gibt es keinen anderen Schutz als Zurückhaltung und Distanz: versuchen zu sehen, wie es wirklich ist.
Sieh mal, was waren da für kluge Menschen unter den Nazis! Ich meine jetzt nicht die eigentlich Bösartigen, die überall gewinnen wollen. Von denen spreche ich nicht, die sind immer da, auch in guten Zeiten. Aber es waren ja doch auch viele gute Leute dabei, die dann später erkannt haben, daß sie reingefallen sind, und dann konnten sie nicht mehr zurück. Es fehlt diese Selbsterkenntnis: Ich bin ein Mensch – du bist ein Mensch, du bist grün, ich bin blau, aber das ist gleichgültig.
1986 bist du zum erstenmal wieder in Berlin gewesen, als in der Akademie der Künste die Ausstellung über Charlotte Salomon eröffnet wurde. Warum hast du erst nach so vielen Jahren wieder den Weg hierher gefunden? Und was empfindest du dabei, wenn du jetzt wieder öfter nach Berlin kommst?
Wir haben es sehr lange abgelehnt, wieder nach Berlin zu kommen. Der mir den Weg geöffnet hat – ja, nachher sogar Begeisterung hineingebracht hat, das war der damalige Hochschulpräsident Ulrich Roloff-Momin. Ihn habe ich bei der Charlotte-Ausstellung erlebt, begriffen und dadurch wieder die Kraft bekommen, das Menschliche, Allzumenschliche einigermaßen zu verarbeiten.
Und was für eine große Freude hat er mir bereitet: Er hat mir aus Anlaß meines 90. Geburtstages einen Gesangswettbewerb an der »Hochschule der Künste Berlin« geschenkt. So waren meine schweren Schritte plötzlich beflügelt. Ihm verdanke ich es, daß diese Stadt, wo ich so unbeschreiblich viel Kummer, Enttäuschung und Angst erleben mußte, nun doch wieder ein Stück – wenn auch verlorener – Heimat für mich bedeutet.

Kurt Singer dirigiert ein Kulturbund-Konzert

Paula Salomon-Lindberg singt: Chronik 1933 – 1942

Die zeitliche Begrenzung hat politische, keine künstlerischen Gründe. Die Jahre der Ausgrenzung sind besonders schwer zu rekonstruieren, sie könnten eine jüdische Künstlerbiographie heute ein zweites Mal vergessen machen. Deshalb, und weil schon die Tatsache besondere Beachtung verdient, daß jüdische Künstler überhaupt die Kraft aufbrachten weiterzuarbeiten, sollen sie hervorgehoben werden.
Wenn nicht anders angegeben, ist der Aufführungsort Berlin. PSL ist Paula Salomon-Lindberg.

1933

19. März Letztes öffentliches Konzert: die Bach-Kantate *Sehet, wir gehn hinauf gen Jerusalem* in der Thomaskirche in Leipzig unter Leitung von Karl Straube; PSL singt die Alt-Partie.

22. Mai 1. (Chor- und Orchester-)Konzert der Gemeinschaft jüdischer Musiker unter Leitung von Michael Taube und Kurt Singer, in der Synagoge Prinzregentenstraße; PSL singt u.a. die Händel-Arie »Vater des Alls«.

27. Juni Konzert der »Privat-Gesangschule Raatz-Brockmann« im Breitkopf-Saal der Philharmonie; PSL singt die Alt-Partie in dem Quartett »Als Tänzerin erscheinst du mir« aus der Oper *Rigoletto* von Verdi.

17. Juli Hauskonzert bei Zuckermann in Dahlem. Das Neue Streichquartett (W. Frey, H. Prager, R. Meyer, Hermann Weil) spielt Schubert und Kompositionen von Hugo Leichtentritt, Leo Lewy, Jannot S. Roskin und Hermann Weil; PSL singt Lieder von Sara Wittenberg (arrangiert von Paul Dessau).

9. Dezember Sinfoniekonzert des Kulturbund-Orchesters unter Leitung von Michael Taube im Beethoven-Saal der Philharmo-

nie (und Wiederholungen mit Programmvarianten in der Singakademie und im Berliner Theater); PSL singt die Soli in der *Kantate für Alt* von Marcello (in einer Orchesterfassung von Kurt Singer) und, zusammen mit Hede Türk, in Pergolesis *Stabat Mater.*
27. Dezember Konzert der Madrigalvereinigung unter Leitung von Ludwig Misch zugunsten der »Künstlerhilfe« der Jüdischen Gemeinde; in der Synagoge (»Gotteshaus«) Johannisstraße singen PSL und Lola Polajewer Duette von Mendelssohn Bartholdy, Schubert- und Brahms-Lieder sowie jüdische Volkslieder.

1934
Januar Gastspiel in Danzig, beim eben gegründeten örtlichen Kulturbund; Liederabend mit PSL, begleitet von Georg Bertram (Klavier).
März Hauskonzert bei Salomon; PSL und Julius Peissachowitsch singen, begleitet von W. Waghalter (Violine) und Paul Lichtenstein (Klavier), Lieder von Schubert und Schumann.
6. März In der Synagoge Oranienburger Straße führt Leo Kopf mit der Jüdischen Chor- und Orchestervereinigung (gegründet 1933) das Oratorium *Elias* von Mendelssohn Bartholdy auf; PSL singt die Alt-Partien (Ein Engel; Die Königin).
7./8. Mai Aufführung des Oratoriums *Judas Maccabäus* von Händel unter Leitung von Kurt Singer in der Philharmonie. Mit dem Kurt Singer'schen Chor (Berliner Ärzte-Chor), der Jüdischen Chorvereinigung, Chor und Orchester des Kulturbunds und Erwin Jospe (Orgel); neben PSL (Israelitin) singen u.a. Lotte Leonard und Max Mansfeld (Titelrolle).
Juni Wohltätigkeitskonzert des Kulturbunds in der Singakademie zugunsten der jüdischen Kinder- und Jugendheime des Vereins Ahawah. Das Neue Streichquartett spielt Schubert und Beethoven; PSL singt zwei Oratorien-Arien und Lieder von Mendelssohn Bartholdy.

18. Juni (Nichtöffentliches) Konzert der »Privat-Gesangschule Raatz-Brockmann« in der Hochschule für Musik; PSL singt die Arie »Agnus Dei« aus der *H-Moll-Messe* von Bach.

November Sonderkonzerte der Künstlerhilfe, 2. Abend; PSL, begleitet von Georg Bertram und Berthold Goldschmidt (Klavier), und das Frauenensemble der Neuen Madrigal-Vereinigung singen u.a. Schubert-Lieder sowie Lieder junger jüdischer Komponisten (u.a. Berthold Goldschmidt und Jannot S. Roskin).

Dezember »Bunter Abend« des Kulturbunds »zugunsten des Winterhilfswerkes des deutschen Volkes« im Brüdervereinshaus. Unter Leitung von Fritz Wallenberg spielt das Orchester der Künstlerhilfe; PSL, Rita Atlasz und Max Mansfeld, begleitet u.a. von Bruno Eisner (Klavier), singen Operettenausschnitte; Camilla Spira, Egon Jacobsohn (Jameson) u.a. rezitieren.

Dezember Hauskonzert bei Meyer (»Musik um Siegfried Ochs«); PSL singt Bach- und Händel-Arien sowie mit den Sopranistinnen Hede Türk und Hilda Lind dreistimmige Volksliedbearbeitungen von Siegfried Ochs.

13. Dezember Liederabend »Stimmen der Völker« im Kulturbund-Theater (Berliner Theater); PSL, Anna Lipin, Ottilie Metzger-Lattermann und Susanne Stein singen neu-palästinensische, jüdische, russische und romantische Lieder und Spirituals.

28. Dezember In der Synagoge Oranienburger Straße dirigiert Leo Kopf das Händel-Oratorium *Samson*, mit der Jüdischen Chor- und Orchestervereinigung; Solisten sind außer PSL (Mikah) u.a. Israel Alter (Titelrolle), Julius Peissachowitsch und Hilda Lind.

1935

13. Oktober Hauskonzert bei Schapira (Damenkomitee der Künstlerhilfe); PSL und Susanne Landsberg-Hollaender singen Lieder von Schubert, Mahler und Leo Lewy, begleitet von Joseph Rosenstock und Rudolf Schwarz (Klavier).

24. Oktober Festkonzert zum 50. Geburtstag Kurt Singers in der Philharmonie; PSL, Hermann Nahm und Julius Peissachowitsch mit dem Singer'schen Chor und dem Chor und Orchester des Kulturbunds führen u.a. die Bach-Kantate *O ewiges Feuer, o Ursprung der Liebe*, Brahms' *Schicksalslied* und die Ballade *Die erste Walpurgisnacht* von Mendelssohn Bartholdy auf. Kurt Singer dirigiert.
November Aufführung des Oratoriums *Die Zerstörung Jerusalems* von Ferdinand Hiller durch die Jüdische Chor- und Orchestervereinigung unter Leitung von Leo Kopf; neben PSL singen u.a. Hilda Lind und Julius Peissachowitsch.
Dezember »Erster Lichter Nachmittag« (Chanukka) der Jüdischen Reformgemeinde in der Synagoge Johannisstraße. Unter Leitung von Hermann Schildberger spielen Streichorchester und Chor der Gemeinde; PSL und Fritz Lechner singen Arien aus *Elias* von Mendelssohn Bartholdy.

1936
Januar 2. Konzert der Jüdischen Winterhilfe, in der Synagoge Fasanenstraße; es singen der Winawer'sche Chor und die Jüdischen Sängerknaben unter Leitung von Erwin Jospe sowie als Solisten PSL und Frida Weber-Fleßburg; mit Erna Klein (Klavier) und Godfried Zeelander (Violoncello), u.a.
6. Februar Liederabend im Bechstein-Saal der Philharmonie. PSL und Wilhelm Guttmann, begleitet von Rudolf Schwarz (Klavier), singen u.a. Werke von Schumann (*Frauenliebe und -leben*), Herbert Fromm, Bernhard Sekles (*Sechs Volkspoesien aus dem Rumänischen*) und Robert Kahn.
September Uraufführung des Oratoriums *Das Lied von Moses* von Max Ettinger im Bach-Saal der Philharmonie durch die Jüdische Chor- und Orchestervereinigung unter Leitung von Leo Kopf; Solisten sind u.a. PSL, Anny Molnar und Hermann Schey (Titelrolle).

1926 / 27

Konzerte der Staatlichen akademischen Hochschule für Musik zu Berlin

*

Erste öffentliche Aufführung

Mittwoch, den 17. November (Bußtag), 6½ Uhr, in der Philharmonie

unter Leitung von

Professor Siegfried Ochs

Passions-Musik

nach dem Evangelisten Matthäus

von

Johann Sebastian Bach

Mitwirkende:

Frau Lotte Leonard (Sopran)
Fräulein Prof. Maria Philippi, Fräulein Paula Lindberg (Alt)
Herr Prof. G. A. Walter (Evangelist)
Herr Hans Hermann Nissen (Christus)

Herr Werner Rosenthal (Tenor)
Herr F. Lederer-Prina, Herr Kurt Weiler (Baß)
Herr Fritz Kleiner (Orgel)
Frau Gertrud Marcus (Klavier)

Der Chor der Hochschule — Das Philharmonische Orchester

Instrumental-Soli: Die Herren Konzertmeister Tossi Spiwakowski (Violine), Paul Bose (Flöte), Gustav Kern (Oboe), H. Hanisch und A. Vonderbank (Oboi d'amore), Erich Venzke und Karlheinz Müller (Oboi da caccia)

Cantus firmus im Eingangschor: 80 Schüler der 42., 165. und 312. Schule unter Leitung der Herren Quentin, Sabarth und Greiss.

*

*

Nach dem 1. Teil eine Pause von fünfzehn Minuten

[Es] wird gebeten, von Beifallsbezeigungen freundlichst absehen zu wollen • Während der Vorträge bleiben die Saaltüren geschlossen

Zweite Aufführung: Freitag, den 17. Dezember, in der Philharmonie

Weihnachts-Oratorium von Johann Sebastian Bach

Karten bei Bote & Bock

STICHTING TOT GEZAMENLIJKE CULTURELE EN SOCIALE ARBEID
VAN NEDERLANDSE EN DUITSE JODEN „TEHUIS OOSTEINDE 16"
AMSTERDAM-C. - GEM. GIRO V 4512 (STICHT. V. NED. EN DUITSE JODEN) - TELEFOON 30756

AMSTERDAM-C., 5-XII-1939

Sehr geehrte Frau SALMON,

Nehmen Sie nochmals unseren herzlichen Dank für den herrlichen Gesang entgegen, mit dem Sie uns bei unserem Konzert im "Amstel-Hotel" erfreuten. Sie haben uns die Not der Stunde vergessen lassen und uns emporgehoben in das Reich des Edlen und Schönen. Ein Abglanz dieses selten ausgeglichenen und künstlerisch hochstehenden Abends wird noch lange über unseren Alltag leuchten und uns Kraft geben zu neuer Arbeit.-

Zugleich haben Sie durch Ihre künstlerischen Gaben dazu beigetragen, unsere Sorgen zu lindern und den Bestand des Heimes für die kommenden schweren Wintermonate zu sichern. Sie werden es daher verstehen, dass wir Ihnen doppelt dankbar sind für die ständige Hilfsbereitschaft, mit der Sie Ihr meisterhaftes Können stets aufs neue in den Dienst der Flüchtlinge stellen.-

Mit verbindlichen Empfehlungen und freundlichen Grüssen

I h r

Hermann Brier

Oktober Erstaufführung der *Freitagabend-Liturgie* des amerikanischen Komponisten Jacob Weinberg unter Leitung von Chemjo Winawer, in der Synagoge Oranienburger Straße; mit dem Winawer'schen Chor und Erwin Jospe (Orgel); PSL und Julius Peissachowitsch als Solisten.
Oktober Veranstaltung des Damenkomitees der Künstlerhilfe. Mit Godfried Zeelander (Violoncello) und Fritz Berend (Klavier) und den Jüdischen Sängerknaben unter Leitung von Erwin Jospe; PSL und Wilhelm Guttmann singen u.a. Lieder von Mussorgski und die *Scherzkanons* von Robert Kahn; Vortrag von Kurt Singer.

1937
7. Januar Aufführung des Oratoriums *Israel in Ägypten* von Händel unter Leitung von Kurt Singer und Berthold Sander, in der Synagoge Oranienburger Straße. Mitwirkende: neben PSL u.a. Rita Atlasz, Anna Lipin, Wilhelm Guttmann, Julius Peissachowitsch, Siegfried Urias; Gertrud Markus (Cembalo), Erwin Jospe (Orgel), der Kurt Singer'sche Chor sowie Chor und Orchester des Kulturbunds.
26. September Aufführung der Schöpfungshymne *B'reschith* von Oskar Guttmann aus Anlaß der Weihe einer Thorarolle in der Synagoge Oranienburger Straße. PSL als Solistin; mit dem Winawer'schen Chor, dem (verstärkten) Orchester der Künstlerhilfe und Werner Baer (Orgel); Dirigent Chemjo Winawer.
Oktober Hauskonzert bei Weil. PSL singt u.a. Lieder von Karl Wiener (»Mutlos fortgehen«; *Nachtlied*); mit Godfried Zeelander (Violoncello), Gustav Sabel (Klavier) u.a.

1938
März Hauskonzert bei Danziger. PSL und Wilhelm Guttmann singen Lieder und Duette, begleitet von Erna Klein (Klavier); Rezitationen Camilla Spira.

14. März PSL und Wilhelm Guttmann, am Klavier begleitet von Rudolf Schwarz, singen im Kulturbund-Saal Arien und Duette von Ponchielli, Verdi und Puccini, slawische Volkslieder, die *Kindertotenlieder* von Mahler sowie, als Uraufführung, Lieder von Arthur Wolf.
24. April Aufführung des Oratoriums *Saul* von Händel unter Leitung von Kurt Singer, in der Synagoge Oranienburger Straße; mit dem Kurt Singer'schen Chor sowie Chor und Orchester des Kulturbunds. Als Solisten singen neben PSL (David) u.a. Anna Lipin, W. Guttmann (Saul) und Richard Dresdner.
2. Oktober »Verdi-Matinee« im Kulturbund-Theater in der Kommandantenstraße. Mit dem Chor des Kulturbunds unter Leitung von Berthold Sander; Solisten: PSL, Rita Atlasz, Else Horwitz, Siegfried Weiss u.a.; Sprecher: Otto Bernstein und Kurt Singer.

1939
17. Juni Hauskonzert im Hause Becker, Bloemendaal, in Amsterdam. PSL, begleitet von Maria Curcio am Flügel, singt Arien von Händel, Bach, Marcello, Lieder von Schubert und jüdische Volkslieder; Kurt Singer spricht »verbindende Worte«.
Dezember PSL singt im Amstel-Hotel in Amsterdam bei einem Konzert des »Stichting tot Gezamenlijke Culturele en Sociale Arbeid van Nederlandse en Duitse Joden *Tehuis Oosteinde 16.*«

1941
8. Dezember Solokonzert von PSL mit dem »Nieuw Joods Kamer Orkest« unter Leitung von S. Abas, in der Joods Schouwburg in Amsterdam.

1942
22. Juli PSL singt in Amsterdam in einem Konzert mit dem »Joodsche Symphonie-Orkest« unter Albert van Raalte die *Kindertotenlieder* von Gustav Mahler.

Namenregister

Der Katalog erfaßt alle vorkommenden Namen, mit Ausnahme von Paula Salomon-Lindberg (Levi; Lindberg) und Albert Salomon. Biographische Erläuterungen beschränken sich auf Lebensdaten. Mit * gekennzeichnete Namen werden lediglich in der »Chronik« genannt. Kursive Zahlen verweisen auf Abbildungen.

Abbildungsnachweis

Der Abdruck der in den Jahren 1926 bis 1933 entstandenen »Kopfstenogramme« des Schönberg-Schülers, Berliner Pressezeichners und, im Exil in New York, Kunstredakteurs der jüdischen Zeitung »Aufbau« Benedikt Fred Dolbin (1883 – 1971) auf den Seiten 48, 49, 54, 72, 76, 77, 78, 79, 134, 150 erfolgt mit freundlicher Genehmigung von Will Schaber, N.Y.; die Vorlagen stellte das Institut für Zeitungsforschung in Dortmund zur Verfügung.
Die Fotografien von August Sander (45, 69) verwenden wir mit freundlicher Genehmigung des Verlags C. J. Bucher, Luzern und Frankfurt a. M.; für die Bereitstellung von Reproduktionsvorlagen umd die Genehmigung zum Abdruck danken wir außerdem Ernest G. Lowenthal, Berlin (109), John Melskens, Amsterdam (2, 38), Christoph Lang, Berlin (32, 33), Achim Roscher, Berlin (138) und Richard Stern, Amsterdam (130) sowie dem Joods Historisch Museum, Amsterdam (Umschlag, 13, 14, 98, 120, 122, 123, 147, 148) und der Hochschule der Künste Berlin (25 – 28; aus der Personal-»Acte J. v. Raatz-Brockmann«).
Die Zeichnungen von Eugen Spiro (62) und Emil Orlik (68, 82) stammen aus Privatbesitz; wir verwenden sie mit freundlicher Erlaubnis der Besitzer. Die Abbildungen auf Seite 22 wurden dem »Almanach Kulturbund deutscher Juden« (Berlin) 1934/1935 entnommen. Alle anderen Abbildungen wurden von Paula Salomon-Lindberg zur Verfügung gestellt oder stammen aus dem Archiv des Verlags.

Die Deutsche Bibliothek – CIP-Einheitsaufnahme

Salomon-Lindberg, Paula:
Mein »C'est-la-vie-Leben« : Gespräch über ein langes Leben
in einer bewegten Zeit / Paula Salomon-Lindberg.
Aufgezeichnet von Christine Fischer-Defoy. – 1. – 3. Tsd. -
Berlin : Verl. Das Arsenal, 1992
ISBN 3-921810-97-3
NE: Fischer-Defoy, Christine:

Satz FotosatzWerkstatt Tempelhofer Ufer 21 GmbH, Berlin
Herstellung Druck und Litho Reichenberg GmbH, Bocholt

Das Arsenal. Verlag für Kultur und Politik GmbH
Tegeler Weg 5, Berlin-Charlottenburg